물꽃

박정애 시집

물꽃

自序

나무들의 숨소리, 새들의 지저귐, 풀들의 간지러움
자유를 향한 바람의 희열, 물의 맨발
내가 잊고 살았던 감사와 감동을 반성하려고
이들을 모티브로 시를 썼다
시가 사회가 되고 정치가 되는 세상이 되기를
시가 사람과 세상을 아름답게 만들고
삶이 외롭다는 사람보다 외롭지 않은 사람이
더 많은 세상이 되기를
따스한 위로가 될 수 있기를
그리하여 내 영혼이 구원받을 수 있기를
제단에 제물을 올리듯 정중하게
예를 다하려 했다.

차례

自序　　005

제1부

잔향殘香　　015
나무가 걸어온 길　　017
초록 소나기　　019
소로에게　　021
이팝나무　　023
끝물이 되기까지　　025
탈피　　027
대동, 달북을 울리다　　029
세한도를 그리다　　032
우기雨期　　034
현弦을 걸다 1　　036
현弦을 걸다 2　　038
발원지에서 ― 금강　　040
백마강 달밤　　042
선線　　044
용꿈　　046
나비야 쥐 잡아라　　047
폭설　　048

딱, 거기까지　050
어떤 확률　052
집 1　054
집 2　056
집 3　058
집 4　060
집 5　062

제2부

암벽타기　067
나무의 기원　069
한우산寒雨山 쇠목재를 넘다　072
입 속에 청새치가 산다　074
십리절반 오리나무　076
죽림산방　078
겨울 나뭇가지 끝으로　080
무쇠 솥을 달구며　082
풀벌레 산조　084
가을밤 랩소디　085
참깨 속에 깨알 같은 사연이　086
꽃이라 웃기만 했을까　088
흙이라는 책　090

개화기	092
환하다	093
초분 1 — 언총言塚	094
초분 2	096
동백꽃 부처	097
회오라비 꽃	098
눈이 내리네	100
소에 대한 생각	102
낙타야, 낙타야	103
가덕도 동백숲	104
환시幻視 1	106
환시幻視 2	108
환시幻視 3	109
환시幻視 4	111

제3부

레퀴엠 1 — 돌강	115
레퀴엠 2 — 애기동백	118
레퀴엠 3 — 붉은 흙	121
레퀴엠 4 — 폭포	123
레퀴엠 5 — 터무니	126
레퀴엠 6 — 까마귀	128

레퀴엠 7 — 신의 나라　　130

레퀴엠 8 — 찔레꽃　　132

레퀴엠 9 — 유월, 초록 함성으로　　134

레퀴엠 10 — 1979년 10월의 바리케이드　　138

레퀴엠 11 — 다시는 돌아가지 않을 것이다　　141

레퀴엠 12 — 바람의 비문　　143

레퀴엠 13 — 풍장風葬　　145

레퀴엠 14 — 백비白碑를 읽다　　146

레퀴엠 15 — 첫눈　　148

레퀴엠 16 — 진달래　　149

레퀴엠 17 — 낯선 저녁　　151

제4부

백일홍 백서　　155

돌 1　　156

돌 2　　158

돌 3　　159

어처구니　　161

레드 풍 옻나무　　163

백록　　165

텃밭을 끓이다　　167

불새　　169

눈眼 1 170
눈眼 2 172
눈眼 3 174
눈眼 4 175
눈眼 5 177
눈眼 6 179
눈眼 7 181
숨, 지다 183
난청 185
작설차雀舌茶 187
물꽃 189

제1부

잔향殘香

1.
靑대밭 이슬만 먹고 자랐다
아침 참새 조잘조잘 입 싼 부리 쏙쏙 뽑아낸
초롱초롱 눈빛 맑은 연둣빛 작설
화개 십리벚꽃 향기와 섬진 청류 물소리 은인자중
발효 숙성시킨

八백 리 지리산역 바람 햇살 한 몸에 담고
은익銀翼의 달빛은 은의恩義로 아로새기라고
가마솥 찌고 덖은 구증구포 열탕냉탕
사지백체 주리를 틀다 체반 얼러 달래면서
쓴맛도 단맛이 되라 유념留念, 또 유념하라
두견이 동박새가 울었다

2.
정좌한 산역도 새뽀얀 입김을 불고
골골 양칫물 게우는 아침 한나절
생면부지에도 매초롬히 웃어주는 차꽃 앞에서

고요한 산 냄샌가 한 오백 섬진강 강물에 묻어둔
향나무 침향목이던가
흰 달빛 황금 햇살 솔향기 체 걸러 갈앉힌
향기의 앙금이로 빚은 경단

3.
참판댁 별당아씨는
태초의 사과를 깎는지
찻물을 끓이는지
수밀도 껍질 벗기는지
은쟁반 녹두알 구르는 소리로
숨 닿는 것만으로 오관 오감이 피어나는
화개동천 십리벚꽃 줄무지장 혓바닥이 타도록
잔향을 핥는 바람의 빛깔까지 온전히 드러낼
전모의 내력으로 입안을 맴돌다
혀끝에서 피어나는
피안의 꽃

나무가 걸어온 길

초록 지뢰, 풀은 밟아도 풀의 정신은 짓밟지 않았다
길은 저 홀로 빛나는 길이 되지 않는 것처럼
지금 여기까지 아무도 혼자 걸어오지 않았다
나보다 먼저 앞서 세상을 걸어간 사람들이
열어 준 길을 따라
길을 걷는 고요한 맨발들

코끼리는 바닥에 발이 닿지 않으면
걸음을 옮기지 않는다는 철저徹底가 철칙
바다를 건너지 않고 숲으로 갔다
걸어서 죽음으로 갔다
누구나 무엇이거나 그 길로 걸어갔다

사람의 발 냄새가 밴 사람의 길은
그리운 쪽으로 나 있고 위로만 치어다본 나무
땅속 제 뿌리의 길을 찾아 한순간도
가만있지 못하는 나무는 나무의 길로
46억 년 이 나이 되도록 늘

그 자리인 지구를 모두가 잠든 시간에도
걸어왔고 또 그렇게

맨 처음부터 맨 마지막까지
가벼워지기 위해 험난한 산을 올랐으나
내려올 때는 등에 산을 지고 돌아왔다
무거운 산을 등에 지고 온
맨발이 아직도 뜨겁다

초록 소나기

　새파랗게 질린 하늘이 기일게 울었다
　초록 나무에서 초록 소나기가 내리고
　제면기는 하얀 작달비 국수발을 뽑았다

　양수겸장 두물머리 수런대는 물길을 틀어쥐고 내리달
리다 솟구치는 용천수 줄기차게 대세를 몰아간 질주는
결사적, 신열에 들뜬 숲속에서 고라니로 태어나지 않은
게 얼마나 다행인가 그럼에도 물가에 내려놓은 목숨이
떠내려갈까 들고 내리뛰는데

　낯선 추녀마루 비 피하는 길손처럼 어른 앞에서 맞는
야단은 순간만 모면하면 지나갈 소나기, 호란 왜란 외
세침략 세마치장단이 한바탕 소나기로 지나가고 일시
정지 볼모로 잡힌 나무들 수족을 풀고 슬슬 기지개 틀
면 쫓거나 쫓기거나 일단의 환란은 두들겨 맞는 것보다
피하는 게 상책

　글귀 밝은 사람 귀에는 경전으로

허기진 사람에게는 쌀 씻는 소리로
제면기 국수발로 길게 목을 뽑는
초록 공후인들

소로에게

고대 중세 언어로는 통역이 되지 않는 숲에서
자판 위로 검독수리부리 타법으로
도두락 톡톡 도두락 톡톡…
소로에게 쟁여둔 속엣말로 긴 편지를 썼다
멧비둘기도 구구 꾹꾹 구구 꾹꾹
몽당연필로 꾹꾹 눌러 섰다
종달새는 종일 편지를 소리 내어 읽었고
파랑새는 찔레가시덩굴 속에서도 노래를 하고
기대한다는 말에는 기대지 않았다 결코
평생 제 짝만 사랑한 산비둘기 왜가리 청학 백학
공작이 그렇듯 수컷들은 화려했으나
상열지사는 잠시 지나가는 봄바람이었고
새끼들은 어미들 몫이었으니
늙고 병든 암컷들은 울지도 않았다
간혹 핑계 많은 청상의 소쩍새가
홀짝홀짝 울기도 하는 밤
구릉과 경사를 요동친 바람의 말투는 거칠었고
금선탈각 말매미는 나무에 몸을 맡기고

늙은 코끼리는 더 깊은 산속으로 자취를 감추었고
독수리는 닳은 부리로 더는 사냥을 할 수 없을 때
스스로 부리를 깨고 새살이 돋을 때까지
저의 동굴에서 한겨울 난다는데 나는
아직도 오두막을 찾지 못하고
생각의 숲에서 돌아나올 길을 잃고
조난되었다

이팝나무

밥 한술 뜨고 가시라 숟가락 같은 눈썹달
나뭇가지 걸어두었다 잘 익은 쌀 막걸리
목축이고 가시라 북두칠성 국자까지
손 크고 인정 많은 이녁

머리 쓴 흰 수건 벗어 툭툭 흙먼지 털며
금방 한상 차려낸 이토록 푸진 밥상
거룩하여라 새하얀 꽃밥

한 지붕 4대 백년이 한자리에 앉아
대대로 승계한 비밀문서를 펼쳐놓고
갑골 이두문자 녹도문자 저녁밥을 읽었다
아싹아싹 소리 내 읽었다
세상 모든 흥정과 정쟁이 사라진 신성하고 순결한
별들과 걸진 이밥 한상을 겸상하고 앉아
문자중독증 환자처럼 애잔하고 슬픈
눈물밥을 읽었다

하늘을 섬기듯 평생을 섬겨온 존엄의 밥
머리꼭대기 곤두坤頭선 흰 밥알을 눈구멍이 까만
권속들이 모여앉아 피와 살을 이루고
별빛에 익는다는 논두렁콩 비밀을 수런거리다
사람이 죽어도 안 돌아볼 냉정한 물길을 따라
뜸북 뜸북 뜸북새 무논바다 눈물의 알을 낳았다

여남은 개 초저녁별 떠올라 삽날 같이 반짝이는데
부리를 빛내며 물꼬싸움 하는 소리가
삽을 내리쳐 다지는 논두렁 물꼬 짬에서
각자의 방식대로 쌀 씻는 소리가
쌀쌀하게 들렸다

그날 밤 인류 최초 문자 하얀 이밥을 쓰기 위해
나는 먹을 갈았다 먹물이 튀지 않게
살살 조심조심

끝물이 되기까지

뭇 세간 지천인 풀, 새벽이슬 쓸며 걸어온 길
밀물로 들이치다 썰물로 빠져나간
난 자리 든 자리 흔적도 없이 사라질 한 뼘 난간
대롱대롱 마지막 끝물이 되기까지
꿈도 곡식처럼 상량한 햇살에 익을 때까지
참, 애썼다

처서 상강 지난 줄기에 조갈이 든 호박꽃 매지
앞뒤꼭지 삼천리 뻥뻥 돌아 구천리 짱구라도
여기까지 오느라 참말로 애썼다

견주고 잴 것 없이 앞만 보고 달려온
결승점, 줄줄이 딸 여섯을 낳은 오십 망단까지
서른두 개 이빨이 다 몽그라진 틀니의 힘으로
낳고 싶지 않았을 막내딸 그래서 더 애틋한 꽃
남을 칭찬해도 내 딸 칭찬은 하지 않는 법
대견하기보다 그냥 애썼다

>

애달픈 목숨줄 천지만물이 연동한 협력체로
쑥쑥 키가 자라 하루아침에 공멸할 수생식물
그럼에도 내일에 가 닿기를 손을 휘저어도
잡아주는 손도 잡을 곳도 없는
최선을 다한 끝물이 졌다

탈피

36년 식민의 기억을 씻으려
뜨거운 눈물로 지구를 씻고 닦았다
매미가 우는 건 외롭고 슬퍼서가 아니다
한낱 변신에 불과한 고지랑물 속 굼벵이가
칠 년을 견딘 생이 길어야 고작 이레 밤낮
아직도 오지 않은 그날 때문에
등이 터지게 울다가 간다는 것이다

한 소식 한 듯이 가사장삼
허물 한 벌 벗어놓은 돌담 능구렁이나
평생 춤만 추다가 가는 범나비나
한나절 말없이 웃다가 돌아선 꽃이나
신명나게 날이 선 시냇물처럼 흘러가는
껍데기뿐인 짧은 생

울지 마라 말매미 왕매미 참매미
철기날개 같은 매미껍데기 이름을 남기되

호랑이처럼 가죽은 남기지 말아야 할 것
떠난 사람들 이름이 별처럼 떠오르면
보리밭 동저고리 맨발로 밟고 간
무명베옷의 동학년 그 사람들처럼
파릇파릇 되살아나는 것이니

봄부터 가을까지 울어서 보낸 풀벌레나
우리가 아프고 서러운 건 흰 옷 때문이야
눈물 젖은 그늘도 바람에 말리며
갈 때까지 가보자고 큰 고목 우듬지
모처럼 까치네 집이 소란하였다

대동, 달북을 울리다

천 개의 강, 천 개의 얼굴이 달 하나로 떠올랐다
어화 둥둥 대북을 울려라
대동세상 대보름달 북을 울려라

삼천리 강산 지류 지천이 한데 모인 대천 한바다
옛날부터 곤鯤이라는 푸른 물고기가 있어
지느러미가 몇 천리나 되는 이 물고기는
종내 붕새가 된다는 것인데,

푸르디푸른 양 날개를 펼치면 하늘을 덮고
끊임없이 생령의 활력을 풍구질하는
저 대양이 출렁이되 넘치지 않는 건
아직 붕새가 되지 못한
곤이의 몸부림이란 것인데

더할 나위 없이 좋은 무등호인들 잔치 한마당
저 눈부신 윤슬의 춤사위로

어화 절씨구 지화자 좋아 쾌지나 좋아
하나된 무등無等의 대동세상
만고 푸르른 명분과 입지를 세웠다

어디가 어디라 할 경계 없이 이마를 맞댄
장대한 지리산 삼도三道,
전라남북 경상이 한 목소리로 입을 모은
삼중창 소리의 골격은 새벽 물안개 뚫고
써내려간 청산유수 물의 서사로
백년서생 귀뚜라미 풀벌레까지도
아, 못 참겠다
입을 연 풀꽃 하나에까지
향기와 이름에 알맞은 길이 길을 이어붙이고
나무들 모여 울울창창 숲이 되었다

양처럼 순하고 독수리처럼 용맹한
청풍의 검을 들고 활을 들었으나

노래와 춤을 꽤 좋아한 부족의 법으로
바람의 조율로 짠 비단 필疋을 끊어
나뭇가지 한가위 보름달 북을 걸어 매었다

어화 둥둥 대북을 울려라
대동세상 대보름 달북을 울려라

세한도를 그리다

원단 첫발을 내딛는 저 소나무 보시라
흙속에 묵비의 맨발을 묻고 조용히 자라온
저 오래된 고급 문장 서사 들어보시라

이두 상형 갑골 가림 신지 녹도 불립문자 방언들
녹색의 말로 변환된 저 소나무 읽어보시라
눈 속에 솔 푸른 줄 몰라 청산 백운
평사낙구 백학도 절조 절개
낙관 없는 세한도,

세설 긴 물의 시작은 신성하고 아랫목 파고드는
겨울 물소리 발자국 따라
오만가지 촘촘한 생각이 물안개로 피어나는
청둥오리 비둘기 깃털 같이 윤기 푸른 새벽 저수지
세상은 눈 속에도 봄기운이 승기를 잡고

바람의 필법은 구구절절 세필로

수십 수백 개 벼루가 밑 빠진 독이 되고
천 자루 붓대가 닳아도 이르지 못한 청동바다
필패필망必敗必亡이라도 싸우다 죽을
용맹한 검투사는 흰 말을 타고 달려왔다

흰 소금꽃이 팬 시간의 퇴적을
그냥 일상적 파도라고만 말할 것인가
모두를 말미암은 것들의 동의어 무한반복임에도
처음처럼 물물이 새롭게 시작하는
새벽 열락이 구중심처에서
봉천 샘물처럼 솟구쳐 올랐다

우기 雨期

한풀大氣 꺾인다는 건 기氣죽는다는 것
풀 죽어 돌아온 아이에게 엄마는 천둥번개
죽비를 내리쳤다
기. 죽. 지. 마.

장마전선을 타고 올라온 사흘 밤낮 빗줄기는
은피라미 빗물도랑을 조잘거리는데
무겁고 질긴 뱃고동 소리는 밧줄처럼 길었고
하늘의 궁사는 은빛 소나기 화살을
끊임없이 내리쏟아 부었다

추녀 아래가 쇠창살이라 비가 그칠 때까지
나는 흑맥주나 마시며 오늘 떠날 걸 내일로
오늘 죽을 걸 내일로 미뤘다
그래야 될 것 같았다

흙에 발을 묻고 머리에 하늘을 인 나무는

에움길 걸어온 맨발의 성자였다
그 사이로 바람의 길이 푸르게 열리고 채전엔
관 밖으로 슬쩍 내민 붓다의 발뒤꿈치 같이
흰 까치발을 든
청무우

두들겨 맞은 잡초까지 소란은 무성하여
팔만사천 풀의 이름으로 살아낸 것들이
깜깜한 생각의 씨앗들이 시르죽은 것들이
톡톡 두들기는 비를 맞고서야 눈을 떴다
먼 길을 돌아 결승점에 닿은 용자처럼
펄펄 기氣가 살았다

현弦을 걸다 1

 눈비에 얼고 녹은 오동나무 바람 햇살에 말려 대패질 사포질로 해와 달을 새기고 밤낮을 재워 인두질로 색을 낸 대추나무 현침에 돌배나무 봉미를 붙여 잣기름 동백기름 마무리로 현을 매고

 열두 가야 푸른 숨결을 저녁 강물에 풀어놓고 청산 기러기 활개춤 추는 하늘 천하대악을 울리다가

 앞니로 톺아낸 명주실가닥 한 올만 틀어져도 소리가 달라질 천에 천 번을 어르고 달랜 열두 고을 물소리 바람소리 고저장단에 열두 가락을 한 소절로 어르다가

 그 가락가락 천체 우주의 숨결로 은하물소리 낙동강 칠백리를 술대잡고 내리긋던 손

 청풍체 하림조로 내리는 눈, 청백리 청덕을 쌓듯 쌓인 눈 속을 맨손 맨발로 호호불어 피운 매화꽃 두 손에 받

쳐 들고 하나보다 열둘이 하나된 대동의 결로 하늘을 울리고 땅을 울리면서 맺힌 것은 풀고 흩어진 것은 끌어안아 환丸을 빚어 머리맡에 두고

 오동나무 목침을 베고 누우면 바람만 불어도 가야금 소리가 슬금슬금 명치 아래 울리는 마음의 꽃 청산, 송홧가루 잔향을 어루만지던 손, 손가락마다
 진달래꽃이 피었다 하더이다

현弦을 걸다 2

인기척만으로도 의지가 되는 허공을 밟고 올라 고도를 잡고 바람 위에 잠자되 잠들지 않고 늘 깨어있는 전도유망 검독수리
 이 산에서 저 산으로
 날아가고 날아왔다

잔정 많은 바람으로 헛손질하는 넝쿨손에게 허공이란 말은 얼마나 공허한지, 이 언덕에서 저 언덕으로 비틀비틀 흰 양떼를 몰아 초원으로 가고 금선을 긋는 매미 정신줄을 놓았다가 이어붙이기도 하면서
 이 강물에서 저 강물로
 선도적 앞장을 섰다

이 봉우리에서 저 봉우리로 송전철탑을 세우고 이 나무에서 저 나무로 감성방언의 악보 오선을 그었다 산 넘고 물 건너 조선 팔도 방방곡곡에서 모여든 철새들 3중주 5중주 촘촘한 음계를 매달았다

 이 산에서 뻐꾸기가 울면 저 산에서 화답하는 수꿩이 무릉도원을 물었다 이 산에서 저 산으로 빨주노초파남보 선명한 무지개를 세웠다 팽팽한 철선을 퉁기며 주고받은 메아리
 이 산 저 산 심금을 울린 칠현금,
 현弦을 걸었다

 천만 가지 생각이 한 치 속에 든 씨앗이라도 풀처럼 풀꽃처럼이라도 살았으니 목숨이란 한순간 들이쉰 숨 내뱉지 못하면 그게 죽음이라고 참 쉽게 말하던
 그 사람들 목숨을 걸었다는
 울울창창鬱鬱蒼蒼 푸른 허공

발원지에서
— 금강

스르륵 따리를 풀고 새벽 강이 말문을 열었다
이슬 내린 목초지 초식동물들 더운 혀를 내둘러
풀을 뜯었다 달고 신선한 풀을 뜯었다
한나절 솔 그늘에서 오래오래 되새김질하는
이보다 더 좋을 수도 더 슬플 수도 없는 날
시냇가 흰 빨래 두드리던 사통팔달 수계를 열고
내 귀는 바람이 되고 내 눈은 산이 되어
있는 것 없는 것 보고 듣고 맛보았다
영원히 닿을 수 없는 무극으로 날아갔다는
저기 신바람 발원지 강태등골 뜬봉샘 근처
그날의 새는 도대체 누가 봤다는 것이냐
새벽견마지 웅진 곰나루 억새밭에서
정수리에서 발끝까지 물길을 튼
설산 백주白酒 같은 물안개 속에서
백악산 아사달 단군을 만난 아사녀
용맹정진 금강에 들어
산후 밑자리 걷어 이 강물에 씻을 때

향기론 꽃물이 삼천리에 스며들어
백화만발 사시사철 피었다 졌다더라

백마강 달밤

상쇠의 구음口音은 끝이 없고 꽹과리 장단도
끝날 줄을 몰랐다 이날 입때껏
강호자연가의 사랑을 받다 헌 버선처럼 버려진
희미한 하현달 낡은 목선 하나
오래된 포구 유행가 가사로 흘러가는 걸
아주 헐값 떨이로 샀다

잡은 손 놓치면 실족할 생각의 난간에서
중동무이 뚝 하고 끊어질 외줄을 타고
평지낙상 울부짖는 물의 몸
칠지도 청동칼날 같은 겨울 나뭇가지에 걸린
맑고 빛난 바람의 알몸을 보았다

울던 물새도 잠든 검은 밤
나는 백묵을 들고 백사白蛇라 썼다
백사가 달아나고 있다고 속필로 썼다
뜨거운 자갈밭을 뱃가죽이 벗겨지도록

죄도 없이 줄행랑을 치는
시뻘건 혓바닥을 날름거린 적도 없는
착한 백사 한 마리
무적霧笛을 울리며 흘러가는

선線

― 1945년 8월 11일 38선이 그어져 달리던 기차는 청동기유물 노천박물관이 되었다

한라 백록담 흰 구름 이고 지고 바다 건너 유라시아 대륙의 관문 부산 자갈치 유라뽀 광장에서 새벽 바람 가르는 동해북부선 타고 해운대 7번 국도 해안절경 관동팔백리 오른쪽 옆구리 끼고 날짐승 네발 짐승 불철주야 오가는 삼팔 휴전선 비무장지대 분단을 넘어 나진 청진 개마고원 너머 훈춘반점에서 점심을 먹을 것인 즉,

두만강 상류 지천에 투망을 놓고 잡은 물고기 어탕을 끓여 밭두렁 들불을 놓고 얼보리 씨를 넣는 조선 사람들 불러 그간 저간 이야기로 새참을 하고, 노루 사슴 뛰노는 녹둔도, 하산역 대륙횡단열차를 타고 눈 내린 자작나무숲 밤낮주야로 달려 훨훨 나비 그 초록의 숨결로 달려갈게

자네는 일번 국도 삼천리자전거로 목포 광주 전주를 거쳐 한양에 입성커든 경원선 타고 도라산역 지나 개성 황성옛터 만월대 달구경 하고 선죽교 돌다리 건너 박연폭포 황진이 만나거든
 내 사랑 여전하다 그리 전해 주게

 평양 옥류관 면발이 어떻건 부벽루 백상루 예성강 대동강 능라도 금수산 단군능에 향배하고 신의주 지나 압록강 7백 리 철교를 건너 천산으로 오시라
 바람처럼 맨발로 오시라

용꿈

 개천에 용났단 소린 들었어도 용은 만나지 못했고 오동나무는 봤어도 봉황은 못 보았다

 오색찬란한 봉황은 세상에서 가장 상서롭고 아름다운 새라는데 앞은 기러기, 뒤는 기린, 목은 뱀, 꼬리는 물고기, 이마는 황새, 깃은 원앙, 무늬는 용, 등짝은 범, 턱은 제비, 부리는 닭을 닮았다는 수컷 봉鳳과 암컷 황凰이 한 자웅 한 몸이라는 봉황은 오동나무 열매만 먹고 살았다는데 봉황은 오지 않았고

 동방군자의 나라에서 사해를 날아 곤륜산 지나 지주의 물을 마시고 약수에 깃을 씻고 저녁이면 풍혈 맥을 짚어 바람을 베고 잠을 잔다는 이 새가 나타나면 큰 경사가 일어나 태평성대가 온다는

 그 새는 아직 오지 않았고 마루 밑의 개와 소파에 앉은 강아지는 어떤 꿈을 꾸는 것이냐

나비야 쥐 잡아라

코끼리도 아닌 쥐를 타고 다닌다는
인도 시바神, 몸이 얼마나 가벼웠으면
쥐를 타고 다닐까 아무리
깊은 밤 아무도 몰래 이불 속으로 온
국소성 근육경련이란 이름의 쥐에게 사로잡혀
꼼짝 없이 사지육신 압핀에 꽂힌 나비
쥐를 잡는 건 나비인가 고양이인가
캄캄한 고래굴 같은 등화관제의 밤
참 괴이한 괴뢰들이
쥐죽은 듯할 뿐 쥐는 죽지 않았고
경직된 근육질이 전율하는 쥐들만 바빴다
쇠매질하는 대장간 풀무 불바람 소리로
푸른 불꽃을 튕기는 숙련된 용접공과
이쪽과 저쪽을 연결하는 날렵한 배선공
숙원사업인 제국 재건이 다락방 천정에서
진행되는 한 장단 두 장단 세 장단
쥐의 동선을 따라감

폭설

백의의 한사寒士 금부도사 대사면이 내리건
소태 사약을 내리건 달게 마시고 마지막
꿀잠에 들고 싶은 날
낭보의 눈보라는 언제나 고향에서 왔고
상처란 받기보다 주고 가는 이승에서
누군가 눈 속을 발자국 없이 다녀갔다

기억회로를 따라 그 겨울로 가면
세상을 바꾸려한 열정으로
차고도 뜨거운 동백꽃은 붉었으나
무너진 한의 적설량으로 쌓아올린
순백의 청음은 소리가 나지 않았다

물은 불철주야 만년을 흘러갔다 흘러왔다
뽀드득, 어금니 깨물며 불구대천
철천의 원수를 찾아가거나 용서하는 것이
한 천년쯤 걸릴 줄 알았는데

하룻밤 새 강을 아홉 개나 건넜다는
흰 발자국만 내려놓고 잊어라 잊어버리라는
언 발의 백의관음
용서의 끝은 아름다워서 슬펐다는 말은
왜 이처럼 뭉클거리는 것이더냐

생의 밑바닥까지 환해지는 하얀 정적이
얼마나 사람을 숨 막히게 하는지
사랑도 이별도 그저 이만치만 하라는
박명의 전단지는 백지였고
은산철벽이 무너지고 눈에 깔려죽은
흰 고요가 아프다 아파
비명을 질렀다

딱, 거기까지

무거운 햇살을 지고 길을 가로지르는 뱀
길이 길을 당기는 백주대낮 어두운 곳 찾아
찔레꽃 가시밭길 허둥지둥 내달리다
청명에 죽으나 한식에 죽으나 그럼에도
이판사판 죽을둥살둥
팔다리 없이 내달리는 생명을 향해
짱돌부터 들고 줄팔매질을 해대는 건
생사여탈권을 쥔 살의도 방어도 아닌 다만
그의 이름과 형체만으로 아주
대단히 언짢은 것이다

목마른 영혼들이 물가로 모여들 듯
딱, 거기까지가 우리의 경계 그러니까
섬뜩한 너보다 짜릿한 긴장의 최전방에서
너는 너대로 나는 나대로 지레 놀라는 건
외나무다리 위에 선 원수가 아닌
원죄 탓

뒤도 돌아보지 않고 꿈속까지 달아난
발뒤꿈치가 시린 것이다
죽음의 충동과 생명의 충동이 부딪치는 찰나
앗, 뜨거! 초강력 급속 냉동된 피가
꽁꽁 언 히말라야 눈바람에 팔만사천 비늘이 섰다

주린 뱃구레로 논배미 수풀 사이
달리기 위해 발을 버린 너에게 굳이
사족蛇足을 달자면 미안하다 너도 목숨인데
사실 알고 보면 아득한 옛날 우리도
손발 대신 앞발과 뒷다리 힘으로
노루 고라니처럼 뛰었을지

어떤 확률

 천둥번개 내리치는 추녀마루 끝에서 수화기를 들고 다이얼 돌리려는 찰나, 누군가 오함마로 내 두개골을 후려쳤다

 뇌가 없는 골 빈 허수아비 너덜너덜해진 나는 빗줄기 속에서 빈 논바닥 왜가리처럼 서 있는데 암튼 광속으로 달려온 무엇이 나를 뚫고 지나갔다

 모든 사물들을 회오리 돌개바람이 휘감고 지나간 뒷끝이었다 한 말¼은커녕 석 잔 술도 마시지 않았는데* 시퍼런 광선 하나가 오관을 흔들었고 수억 년 전 죽었던 별들이 눈을 번쩍 떴다

 지뢰와 풍뢰와 천뢰가 뒤섞여 푸른 칼을 휘두르는 천둥번개가 내리꽂히고 플러그에 꽂힌 가전제품 퓨즈가 나가고 이후 전깃불도 들어오지 않았다 우리는 아침 때를 걸렀다

어떤 우연의 확률이었는지 알 수 없으나 로또 대신 나 말고 또 한 사람, 서정원 시인도 한 대 오지게 맞았으나 아직 밥 잘 먹고 무탈하게 잘살고 있다는 사실

* 석 잔 술에 도를 통하고 한 말(斗)의 술에 자연과 합치가 됐다는 이태백 「월하독작(月下獨酌)」에서

집 1

 물밑 몇 번지 수취인 불명의 주소지가 드러났다 얼마나 가물었으면
 투망질로 물고기 잡고 달도 건져 올리던 저수지
 물이 빠지고 물속에 잠겼던 암각화가 드러났다

 한 가대 가장이 처자식 거느리고 사냥과 수렵으로 살림을 꾸리던 대곡리, 돌도끼 든 사내가 어깨 떼매 온 짐승 한 마리 마당에 부려놓고 발골로 아직도 또끈한 생간을 꺼내 부족끼리 포식을 하던
 노루 사슴을 따라간 이족 보행 그 사람들
 과거 행적이 고스란히 드러났다

 아침이면 간밤 조상 제삿밥을 나누며 오순도순 살았을 사람들, 채전을 가꾸고 석 섬지기 천수답 못자리 볍씨를 놓고 소 몰아 갈무린 무논바닥에 모를 내고 저녁이면 굴뚝에 흰 연기를 올려 아랫목 구들장을 달궜을 과거 세간들의 전모가

 디딜방아 돌확 버려진 장독대, 썩을 건 썩고 사지백체

골격만 남은 동구나무 그루터기 쓰러진 돌담을 따라가면 쟁기보습 없이 갈아엎은 대지의 숨결이 침전물로 가라앉은 수몰지구 바닥에

 누구네 집터 누구네 논밭이 연필심처럼 까맣게 구세먹은 고목 감나무 아래 신주단지도 보였다

집 2

 푸른 대기의 향기와 바람의 달콤한 당의정 수사로 눈비 광풍에 민박을 놓고 달에게 달세를 놓은 잡초 무성한 그집 쥔장은 풀

 담장이넝쿨이 돌담에 귀를 대고 염탐질 엿듣기도 하고 까치발 곧추세워 넘보기도 하는 집
 대낮에도 저승 같이 캄캄하고 밤이 되어도 불을 켜지 않는 그 집

 겨울 전신주 발성법으로 우는 삭풍에 언 발 동동 언 손을 비비는 이쯤에서 낮에는 햇살이 망을 보고 밤엔 망망대해 무국적 유민처럼 떠돌던 달이 알을 까고 아무도 따먹지 않는 오래된 감나무도 결국 제 그림자 베고 잠이 드는 집

 머리맡엔 밤마다 뭉텅뭉텅 별똥이 떨어졌다

 굽은 허리를 편 호호백발 할미꽃, 피었다 진 자리마다

눈시울 붉히는 자운영, 눈썹차양이 흰 늙은 암소가 목초지 초록 바람을 되새김질하는 제방둑길로 달을 이고 돌아온 어머니
  겨울 저녁아궁이가 환해졌다

  여닫이 꺾쇠 문틈 사이 놋쇠 장석이 떨어지고 녹이 슨 경첩도 빠진 방문을 열고 나온 뒤론 되돌아갈 출구를 찾지 못했다 이제 솟대 장승도 너무 늙었고

  허공 중천에 걸린 사글세朔月貰 달은
  개도 쳐다보지 않았다

집 3

 신작로 흙길엔 달의 파편, 밟으면 발에 가시가 들었다 돌부리 채여 엎어지면 시퍼렇게 피멍이 든 정강이 호호 불어 피운 청도라지꽃 손에 들고

 내 영혼인 엄마를 불렀다

 천둥번개 정수리 내리치다 이내 들이퍼붓는 한여름 소나기의 난타, 내 몸 남반부에서 북반부까지 노박이로 맞으며 세상 어디를 떠돌다 돌아온 낭인처럼 대밭에 깃들인 새떼들이 새근새근 숨을 고르고

 사철 푸르고 정직한 소나무에
 백로 까치가 우는 곳

 길 끝엔 아직도 등불을 들고 마실 나온 사람들이 저녁 별처럼 두런두런 속삭이는 곳, 장독대 목단 봉숭아 맨드라미 뒤울안 치자꽃 옥잠화가 피었다 지는 곳,

군불 들인 아랫목 발치쯤 배 깔고 누워 책갈피 넘기며 내면의 사원을 돌보던 겨울밤 멀리서 들려오는 밤새소리 바늘땀 촘촘히 새기던 곳

 가을 단내가 저녁굴뚝 흰 연기로 솔솔 오르고 들풀처럼 누웠다 들풀처럼 일어나는 아침 靑무우 같은 사람들, 나락이슬 무릎 적시며 좌우로 소고삐 당겨 논갈이하고 황토밭 호미질로 황금을 캐며 지구에 있는 듯 없는 듯 일상적 율법으로 살다 그냥 흙이 되는

 그 사람들 평전을 쓰는 도랑물은
 시리고 아리도록 맑디맑았다

집 4

 어디에도 자물쇠라곤 하나 없는 개미집 까치집 누구나 잠잘 집을 가졌으나 뻐꾸기는 둥지를 틀지 않고도 알 낳고 잘 살았다
 새끼들은 어미 몸에서 어미를 파먹고서야 비로소 각자 제 집을 가졌다

 삶의 전모는 현장에 있고 그의 주소지는 주거 불고지자, 그러니까 몸뚱이가 집, 고사상 위에 빙그레 웃는 대가리만 올려놓은 돼지는
 돼지우리에 갇혀 살아도 집이라 정말이지 행복했을까

 낯익은 길이 편안하듯 고통과 슬픔에도 정이 들어 이 또한 익숙해 천지창조 조물주 간섭으로 비롯된 기적을 믿어 의심치 않았던 그 모든 것들로부터 부탁하지 않아도 사사건건 보살피는 이에게 감사한 일

 동그란 알속에서 동그란 무덤이 될 때까지 지구는 게스트하우스 세입자인 바, 이승에 집 한 칸 없이 살아도

저승에 두고 온 무언가는 있을 터, 무덤幽宅도 집이라
여행자처럼 왔던 곳으로 되돌아갈 수 있어 다행

참 편안한 지구 각양각색 형형색색 봉두난발에도 여전히 개미는 질서정연 낯익은 길을 가고 멀리 날기 위해 날개를 단련하는
새들의 생은 가벼웠고 모든 죽음은 무거웠다

집 5

 태어나 평생 제 무덤을 장만한다는 고대 파라오처럼 버려둔 생각의 빈집도 증개축하면서 세상의 모든 발걸음들은 집으로 갔다
 배들이 바다를 떠돌다 도선장 항구에 돌아오듯 장기판 말처럼 떠돌던 타자도 만루 주자도 결국
 집으로 돌아갔다

 숲속 풀벌레 집에 전입신고를 한 난민들이 혈연공동체 부족들이 여름 소나기 멍석말이 두들겨 패도 끄떡없는 주거지에서 무허가 까치집을 지었다
 목숨들은 영혼의 집과 몸의 집이 필요했다 비바람 몰아쳐도 철거되지 않은 폐가는 증개축이나 재개발되지 않았고 온종일 밀려갔다 밀려오는 바닷물소리로 나전칠기 윤슬로 빛나는 생각의 청기와 집을 지었다

 숲속에는 나무냄새가 좋아 목수가 된 도편수, 딱따구리가 살고 죽은 나뭇가지는 건너뛰었다

수목 우듬지로 가는대까지 가보자고 최선을 다한 최후는 몰라도 허공의 길은 끝이 없고 너무 높고 너무 먼 하늘과 땅 사이가 생의 과정이란 걸 나무가 먼저 알고 나무는 나무의 집을 짓는 것인데
 처음부터 정중앙 축을 세웠다

 별들이 초저녁부터 총총 알박기 하는 그 하늘 아래 까치가 선택한 그 마을 태생으로 제비가 간택한 그 집 추녀 아래서 비를 피하고 뒤란 댓잎파리 같이
 조잘대는 참새처럼 나도 살았다

제2부

암벽타기

 의도된 거미줄 설계는 줄광대 생각에 달린 것 허공중천 사방팔방 팔각정자는 무위도식 놀고먹자가 아닌 생계수단,

 밥줄이란 줄을 잘 서거나 줄을 잘 타야 한다는 것 동서남북 각진 살강대 틈서리 외진 어디서건 동시다발 외줄타기 균형잡기로 곧추세운 더듬이 쥘부채 펼쳐든 건 누구나 무엇이나 만유인력 법칙을 따랐고
 슬픈 곡예사는 슬픔을 먹고 살았다

 광대는 지상지하 위아래 방향설정이 동시다발성 외줄타기 균형잡기로 양쪽 날개를 흔들며 줄 위를 건너려는 저 집요함이 고작 저 얄팍한 부채의 힘이라니 활착을 위해 덜어낼 것 덜어내고
 빈곳은 채우면서 경계를 건너갔다

 쥘부채로 바람을 농락하는 작수목 위 외줄을 타고 선전하는 줄꾼은 허공을 지지대 삼았다

참 의지가지가 없다

 줄을 잘 서거나 잘 타야 하는데 잘이란 기회, 지름길은 언제나 가팔랐고 수직하강과 수직상승 단순평면 구조로 안팎이 없는 무주공산 허공이 대들보 서까래였다
 그물 깁던 거미는 역광의 허공으로
 황금 투망을 던졌다

나무의 기원

 식생이 풍요로운 고생대 산간에서 최초의 새, 최초의 꽃, 최초의 인간이 태어난 숲속에서 딱따구리가 쫀 망치질 한나절에 집 한 채 뚝딱, 해치울 동안 나무는 뼈를 깎듯 저의 몸을 송두리째 내주었다

 두드리면 온몸 전체가 진동하는 나무 한 그루 풀 한포기도 각자의 목소리를 가진 식물성 음역대 안에서 나뭇잎의 수다와 별들의 수다와 새들의 행동과 나무의 생각을 바람의 수화로 나만의 무늬로 촘촘히 아로새긴 선명한 동심원 행간 나이테
 나무의 전모를 읽었다

 물 냄새 물씬물씬한 물푸레나무 실뿌리 맨 끝에서 머리끝이 곤추 선 촉수를 켜고, 울먹이는 나무 혈관 호수로 지표수를 퍼 올려 가지 끝까지 퍼런 불꽃 목숨을 지피는
 저 시린 맨발의 자국을 따라가면

뼈 없이 착한 연체동물 애벌레 풀 여치는 치통을 몰랐으나 송곳니 드러낸 것들은
 늘, 배가 고팠다

 나무에 귀를 대면 쿵쾅거리는 나무의 심장소리와 동맥을 타고 달리는 과거 현재 미래가 한 몸인 물의 연대기를 졸졸 따라 필사하는데
 그래그래, 식기 전에 얼른 먹어, 어미의 마음으로 어둠 속을 더듬어 내려가면 웅성웅성 중얼거리는
 씨앗들 소리가 시끄러웠다

 겨울 칼바람에 키를 낮춘 들풀처럼 시련과 상처가 없는 생이 어디 있겠느냐 그 작고 여린 날개로 천지 허공 헤매고 다녔을 새를 품어주는 숲
 가련한 생명들이 짐승처럼 제 울음을 깔고 누워
 잠드는 동면기를 지나는데
 숲은 무국적 생명 공동체 이념은 원시 야만, 최초의 울음과 최후의 침묵을, 말할 수 없는 걸 말하기 위해 아

득한 고생대에서 온
  미끌한 미풍의 발성법으로 비단의 미문을 쓰고
  가시 돋친 격문을 곧이곧대로 썼다

  해독불가의 원문인 태고 녹도문은 통역이 되지 않고
각양각색의 생각을 유창한 초록 언문으로 쓴, 울울창창
수림의 말은 정적이다
  청록의 침묵을 밟고 선 저 맨발의 족적은
  선걸음에 달려온 것이다

한우산寒雨山 쇠목재를 넘다

  여름 소나기 한 줄금에도 고드름 언다는 그 산을 오르다 누군들 살며 오금에 가래톳 선 된비알 깔딱 고개 한두 번은 넘었지 아마도

  평발에 팔자걸음 코뚜레 없는 소 한 마리 우보만리로 쉬엄쉬엄 내 마음 꽃동산, 목매러 가는데 물소리에 가는귀먹은 내 귀는 딱새가 쪼고 솔바람이 쓸어갔다

  봄은 여름을 가을은 겨울나기 위한 울력, 단풍나무는 일찌감치 하역을 끝냈고 빨간 코팅 면장갑을 벗고 신갈나무도 의발을 내렸다

  의병들 백전백승 승전깃발은 만산홍엽 철장 풀무질로 타오르는데, 억새밭에선 아직도 흰 말갈기 휘날리며 투레질 하는 말울음소리가 났다

  외다리 들고 선 백학은 흰 구름 따라 산머리 건너가고, 홍학은 속살까지 붉은 황장목 소나무 위로 날았다
  소바리짐 앞세운 지게질로 삼동언강을 건너 싸릿대

청도라지꽃 같은 푸른 멍 자국 아로새겼다

 떨어지는 게 낙엽뿐이랴 바다을 쳐야 비로소 살길을 찾아가는 물길은 득음수행 필생의 유랑 가인, 바람은 또 만상을 악보처럼 펼쳐놓고 현금을 타는데

 지류 지천은 물명주 주단을 깔았다 구름 위 솔개도 한 발 슬쩍 걸쳤다간 심우도 소는 소대로 가고 나는 나대로 내려와 하늘을 치어다보았다

입 속에 청새치가 산다

 바다 속 칼잡이 아름다운 청새치는 여포 창날 같이 긴 주둥이를 가졌다 빠르기는 고속도로 폭주족 맞잡이 스치기만 해도 고등어 정어리 잔챙이는 추풍낙엽, 철갑상어 백상아리 고래도 나가떨어지는 무적의 칼잡이라는데

 미끼를 문 물고기는 사생결단 바다를 뒤집어엎을 판이라 숨 떨어질 때가지 기다리는 게 상책, 몸이 칼잡이인 백새치 흑새치 황새치 청새치 이것들은 상대를 가리지 않는 포식자 종족끼린 칼을 쓰지 않는다는 게 일도일혼一刀一魂의 칼솜씨 자랑하는 참치식당 칼잡이의 부연 설명,

 복숭아꽃무늬 박힌 흰 살점을 씹으며 우린 작금의 야비한 미친 망나니칼춤을 씹다 난무한 독설의 화살과 착하고 순하면 얕보이는 비정한 세상을 씹다 미운 것들 못 봐주겠다, 실컷 패주고 지옥가겠다 가서 돌아오지 않겠다고 곱씹다
 앗, 뜨거 깨물린 혀가 낙뢰문을 그었다

>

　내 입안에 든 세치 혀가 아닌 바다 속 청새치 때문이라고 내가 나를 위로하는데 앞서건 뒤서건 오간데 없이 사라진 내가 쏜 그 많은 말의 불화살 모두가 불발로 되돌아왔다

십리절반 오리나무

 세계의 지붕이라는 설산엔 몸 하나에 머리 둘 달린 공명조가 살았다 하나는 좋은 것만 먹고 다른 하나는 먹다 남은 것이나 얻어 먹으며 굶주렸다 이를 비관하여 놈은 독을 먹고 자진하였다
 몸속에 독이 결국 앞짱구 뒤짱구 몸 하나에 머리가 둘인 새는 죽고 말았다

 칠십 평생을 냉전인 땅, 한 몸에 삼팔따라지 분단의 경계를 긋고 나도 오리 너도 오리 십리절반 오리나무 몸에 아로새긴 바람의 연혁은 몰라도 조선팔도 하늘 아래 조국 허리에 둘러친 녹슨 철책은 새들도 나비도 앉지 않았다
 아들아, 썩은 철책을 펜치가 없어 못 잘랐겠느냐

 철책과 철책 사이 흰 두루미와 지구화석 산양, 가마우지 노루 고라니 멧돼지 사냥 능력도 없는 불쌍한 독수리 끊어진 다리는 사람이나 날고 뛰고 기는 짐승들
 절룩이는 다리로 성한 구석이라곤 없는 지뢰밭

　그럼에도 맨발로 초록 지뢰를 밟고 가는 '평화누리길' 쓰라림의 근원은 슬픔, 뿌리 깊은 情과 恨을 숙주로 꽃을 피우고 열매와 풀만 먹고 살아도 평등 평화 공동선을 누리는 초식동물들 초록의 고요가 붉디붉은 선홍의 꽃을 피우고는
　무성한 풀들은 왜 초록색인가

　산을 옮기는 달팽이 아득한 옛날 천산산맥을 타고 넘어온 순결한 야생들 초원을 떠돌아도 사무치게 그리운 건 사람이었으니 철책에 언 생살이 찢긴 겨울바람
　얼마나 아팠으면 저리 슬피 우는 것이더냐

죽림산방

왕대밭에 왕대 나듯 태생이 강골
연사흘 눈 실은 몸이 늑골이 활대처럼 휠지언정
굴종은 용납할 수 없어
참됨은 청사에 빛날 푸른 첨병들이 일어섰다

대숲에서 죽창을 들고 푸르르 살을 떠는
무명베옷 을미의병들 백 가지 헝클어진 생각에도
백 마디 말보다 비명 같은 외마디로

하나보다 좋은 백이 한결 같은 한 목소리로
풀도 나무도 아닌 초목이 이룬 당대는
백년대계, 백년지기 백손이 한 가대로
이 땅을 살아낸 민초의 소리로
백년이 하루한나절 같은 논리정연 줏대로

사람이 하늘인 불령선인 조선의 정신으로
비바람 눈보라 속을 죽창을 들고 달려가던
쑥쑥 내딛는 진일보 우후죽순 선걸음으로

엄동설한에도 얼지 않는 절대진공이
한마디씩 빈 듯 꽉 찼다

관 밖으로 슬쩍 나온 붓다의 맨발처럼
땅 속 뿌리까지 마디가 졌다
서슬 푸른 절의로 마지막 목울대를 치미는
뜨거운 이것은 무엇이더냐

겨울 나뭇가지 끝으로

두드리면 나무 전체가 진동하는 음역권에서
초저음과 거대하고 조용한
우주 공기의 진동을 감지하는 겨울나무
새들의 행동과 나무들의 생각까지
꽃과 아이들 소리까지 들려왔다

욕망이 얼마나 우리를 가난하게 하였는지
나무 한 그루 풀 한 포기도
각자의 목소리를 가졌다는 것인데
내 살과 피와 내 고뇌가 연결돼 있어
내가 나를 버리니까 또렷이 보였다
오만가지가 다 보였다

내장이 캄캄하도록 시커먼 블랙커피를 마신 날
잠은 오지 않고 늦가을 기러기들이 물어다놓은
별들이 밤새처럼 지저귀는 가지 위에서
바람의 육질로 슬슬 갈아낸 검은 먹지에
이가 시린 하얀 송곳 글씨로

한 점 의혹 없이 전모를 드러낸 별자리
살얼음 잡힌 김칫독 싱건지국물 같이
짱짱한 섣달 무명 다듬잇돌 같이 차디찬
별을 품고 누웠는데

밤새는 밤새도록 새빨간 간肝만 쏙쏙
빼 먹었다 곶감처럼

무쇠 솥을 달구며

 만근 쇳덩이를 가져다 놨다 금강산 만이천봉 금강야차 신공이 따로 없다 아침 해 모루에 올려놓고 두들긴 소리의 끝을 따라가면 삼발이 무쇠 솥 아궁이로
 꽃불 들인 불땀이 괄다

 상감청자 푸른 하늘 청화백자 비색의 구름, 바람은 조리질로 햇살을 일어 밥을 안치고 채전밭 한 떼기 두레상 가득 올려놓으면
 삼시세끼 진수성찬,

 가을이면 금속 탐지기 들이대지 않아도 금싸라기 땅에서 도저히 참을 수 없는 웃음소리로, 아무리 감춰도 감출 수 없는 넘실넘실 황금작황 나락냄새
 자손만대로 무궁무궁 남아돌았다

 신작로 초입서부터 풋감 냄새 물씬한 물가 서말지 솥단지 걸어놓고 아궁이 불 지피는 건 아득한 그리움 발갛게 태우는 일, 물안개 흰 연기로 백기 올리는 흰 꽃그

늘 아래 천렵하던 사람들 물살을 거슬러 오르다 너럭바위 올라선 젖은 발자국은
 갑골 어골문 족적 낙관,

 불땀 센 금빛 햇살은 노을도 무거운 등짐, 등에 업은 아이머리가 불덩이 같이 펄펄 끓다 잠들었는지 내려놓은 등허리가 서늘했다
 돌아보면 따라오지 못한 나는 아직도 거기 우두커니

풀벌레 산조

고려 충신 죽지 못해 살았어도
살아도 쥐 죽은 듯이 강원 산간 두문불출
두문동 사람들 먹을 갈거나 참숯을 굽거나
청동기 비파동검 파랗게 닦아낸 밤하늘
귀뚜라미 풀벌레 악공들 일찌감치
자리잡았다

굴뚝 속 같은 어둠속 꽁꽁 언 별들이 눈을 떴다
녹슨 가마솥 뚜껑 여닫는 소리로 밤새가 울고
철철 흘러넘치는 은옥의 달은 물길 따라 내달리는데
벼리고 벼린 칼자루에서 가을 물소리가 났다

입추와 백로 사이 바람은 늦가을 들판을 가로질러
세상 대거리 맞장 맞불 질렀다
참혹한 자해현장 판소리는 끝이 없고
조선 육철낫 새파랗게 갈아세운 날이
한 경계를 넘었다

가을밤 랩소디

 소금 포대包袋도 오래 두면 가볍듯 장마철 소금장수 같은 생, 해거름 하늘 물속 깊이로 자맥질하는 가창오리 가창력으로 나는 귀를 잃었다 목숨은 시시때때 뚝뚝 떨어지는 오동잎
 촛농처럼 마지막 밑불이 뜨거웠다

 낙숫물 내리는 추녀마루 도랑물소리로 내 등 뒤에 앉아 훌쩍훌쩍 밤새도록 적막을 물레질하는 귀뚜라미, 난 가게 주막거리 지나 사나흘 굶은 빈속으로 선걸음 치던 낮달 같이 하얀 청상의 여자
 처량한 발자국소리 따라 설화처럼 흘러갔다

 어린 자식 업고 걸린 어미가 죄가 없어 죄 많은 어미가 노점 좌판 단속반 호루라기에 이고지고 이리저리 쫓기는 슬픈 어미가 빈 논바닥 백로처럼 치어다본 허공 저 너머 어떤 무엇이 있기나 한 듯
 이 궤도를 벗어나고 싶은 그런 날

참깨 속에 깨알 같은 사연이

죽었나, 눈 딱 감고 엎드린 것들
꿈틀꿈틀 꼬물꼬물 손들고 일어나
산맥처럼 일어나 쉑쉑 더운 콧김을 뿜고
한발씩 뿌리 내리듯 걸어가는
사래 긴 된비알 밭

눈에 넣어도 괴이지 않는 깨알 속에는

햇살 수십 벌
빗물 한 드므
이슬 한 독아지
새벽별빛 소금 한 가마
실바람소리 한 필 두 자 세 치
에밀레 종소리 서른세 필
무논 개구리소리 서말지 한 솥
풀 비린내 한 광주리
참새소리 한 종제기
늙은 황소 눈물 한 바가지

귀뚜라미소리 서 말 되가웃

천체 우주 비밀을 훔쳤거나 빌린
참깨 한 알 속에 깨알 같은 사연들이
말로는 못할 사연들이 저 치부책
명부에 다음 생은 예약되었다
달빛 밟으면 발에 가시가 드는
타작마당 쏼쏼 쏟아지는
참 깨

꽃이라 웃기만 했을까

앙천대소, 너무 웃었나 그렁그렁 눈물 고인 눈
앞면의 웃음과 뒷면의 슬픔에도
거울 같은 생을 등지고 창밖을 내다보다

달이 달을 못 보는 달의 눈으로
내가 나를 못 보는 내 눈으로
볼 것 안 볼 것 다 내려다본 하늘 눈으로
그걸 또 빤히 쳐다만 본 저수지 눈으로
내 눈에 거꾸로 선 눈부처
굿이나 보고 주는 족족 받아 먹은 떡이나
생동이 금을 친 황금에 눈이 멀어
한눈을 판 기억조차 없는데

눈 뜬 장님 당달봉사 단 한 번 단 한 사람에
줄곧 혼을 팔고 산 줄도 모르고
한생 나를 사루는 그런 게 생이라고
마음이 무거우면 세상이 무거운 법
그림자 벗어 내려놓은 그루터기

>

저쪽 생의 아흔아홉 모서리 깎아 도는
캄캄한 기억의 골방 빗장을 풀면
누구나 한 꺼풀씩은 있는 법
화덕 같은 눈을 벌겋게 뜨고
당의정 속에 쓴 맛을 눈치채지 못한
우둔함으로 문득 뒤돌아 본 거기

개골창을 굴러도 다시 생명을 키우는
숨결과 숨결이 이어져 저 시냇물 같기를
힘센 새들의 감성 방언과 노래와 바람의 춤,
흠향하시라 찬란한 꽃들의 상향
비둘기는 햇살을 털고 날아올랐다

흙이라는 책

다랑이 논두렁이나 기워 다지던 삽가래를 들고
아직도 연옥을 벗어나지 못한
머리가 새하얀 노부부
자식농사부터 흙농사까지 순수 자연농법으로
천기와 지기를 읽던 천문학자들이라
흙을 모르면 책을 덮어라 했다
아니 갈아엎으라 했다

매운 연기 솔솔 오르는 정지 대소사 바라지로
평생 밥상만 차리시다 가신 엄마는
저승에서도 밥상을 차리시는지 상량하고 공평한
햇살로 데워진 싱싱한 채전으로 불어온
자애로운 바람 한 줄기
무논 바닥 내리꽂힌 은세공 낫날 같은 초사흘 달
금비녀 쪽을 질렀다

오체투지 바닥을 엎드려 경배하는 두더지 자벌레
전심전력 산을 지고 옮기는

용맹정진 달팽이
죽고 사는 일은 흙의 결전에 집중하는 일,
지렁이는 더듬이 점자로 지구를 읽는
삼신산 불사약이 따로 없는 봄비 속에서

밑거름 없는 웃비 비료만으로도
만유인력 질량의 법칙으로 풋감이 떨어지고
탱자나무 가시에도 그 여리고 고운 꽃을 피우고
열매를 맺는 동기일체 교감으로
서로 상간 상처 하나 내지 않았다

육법전서보다 자연의 법으로 자연스레 자연이 된
넘치지도 채워지지도 않는 계영배戒盈杯
가슴으로 평생 흙만 읽다가
활대 같이 허리가 굽었다

개화기

 포동포동한 아기 볼기에 핀 파란 몽고반점 청도라지 꽃이거나 몽글몽글한 산수유 샛노란 애기똥풀, 파랗게 질린 패랭이 창포 수국

 날듯이 가벼운 노랑나비 햇살에 고슬고슬 잘 마른 숲속 고요를 밟고 가는 청설모라든가, 박달나무 쪼는 딱따구리 산중 메아리 음각을 새기는 산사 목탁소리라든가, 철갑옷 한 벌로 평생을 난 소나무 진한 송진 냄새 바람 햇살에 비비고 비빈 새알수제비 환丸으로 백팔 주름을 펜 노老보살이라든가, 맘대로 핀 들꽃을 흔드는 매끌매끌한 신바람 지느러미 수사로

 발길에 척척 감기는 안개 너울이 압송되고 어디서 꽃이 피는지 콧김 뜨거운 황소 신음소리로 다들 용을 쓴다 아무튼

환하다

천지가 꽃이라도 순간이었네
꽃 피고 열매가 익는 건 햇살의 조응 그리고
바람과 비와 흙의 협력
오밤중 산지사방 골목골목이 환해진 마을
꽃향기보다 엉덩잇살이 짓무른 두엄더미
흰 김이 물씬 피어나는 그곳
때가 절수록 반질반질 윤기가 도는
오래된 기억의 본적지에서
방안 머리맡 콩나물시루 검은 보자기 벗기면
일제히 일어선 것들이 백기를 들었다
샛노란 기억들이 뒷산 언 장작을 팬
직립의 산꿩처럼 깨어난 산간이
최후 진술을 마친 마지막 등불이 꺼지고
모닥불 같은 심장으로 온밤을 밝히는
꽃그늘 환한 그 곳 벚나무 아래로
푸른 광채가 사선을 긋고
자유를 향유한 바람의 희열로
소란의 진원지가 환해졌다

초분 1
— 언총言塚

경상북도 예천군 지보면 대죽리 말 무덤
우생마사, 큰물에 떠내려간 소는 살아도
말馬은 죽는다는 그 말도
저승 갈 때 타고 간다는 순장 말도
장기판 종횡무진 뛰노는 말도
하늘에서 내려와 바람을 가른다는 천마도
갈기를 세운 네발 달린 말도 아닌
인간의 언어로 그러니까
발 없는 말이 천리를 간다는 사람의 말
듣고 싶고 하고 싶은 그 말인데
할 말 못할 말 다 하고도 못다 한
그 말이 순장되었다
사오백년 전 이 마을 사람들 어떤
귀하고 소중한 진언을
저 커다란 무덤에 묻었는지는 알 수 없지만
언중유골, 말에도 뼈가 있다니 어떤
말言의 백체가 저 관속 칠성판에 누웠는지

천리만리 내달리는 야생의 말도 아닌
울다 웃고 웃다가 우는 사람의 말
흉기가 되고 화禍가 되고 상처가 되는
명치에 걸린 말의 모서리로
중구난방 헛소리 난무한 세상에서
참이란 너무나 소중하여 묻어둔
언령言靈이 잠 잔 다

초분 2

산소는 산에 거처를 마련하는 일
靑배꽃 피는 마을에 살만큼 살았다는
사람들은 마을을 버리고 산으로 갔다
손 기름 때 절은 절구 홍두깨 버리듯
버려졌거나 남겨진 빈집은 기가 죽었고
밟히고 뽑히던 마당잡초만 살아남았다
빈집 마당 잡초는
꽃대를 밀어올린다고 재미가 졌다
늙은 돌배나무도 꽃을 피웠다
늙은 매화가지는 조제실 첩약 알약 꺼내듯
시린 손바닥에 올려놓고 호오호오
입김을 불고 생전 주목받지 못한
주목 한 그루 홀로 봄을 맞는 그 마을
대대손손 기억의 고대광실,
해가 달을 모시고 달이 태양을 모시던
그 섬김과 모심으로 꽃은 스스로 좋아 죽었다
열이레 굶어 가벼워진 몸
상승 기류를 타고 두둥실 달로 떠올랐다

동백꽃 부처

흰 구름 돛단배 떠가는 박물관 뒤뜰
얼굴 없이 몸만 남은 돌부처 옆에서
참수형장 망나니 칼춤 비명소린 듣지 못했으나
우두커니 선 동백나무 아래
붉은 피 뚝뚝 듣는 동백꽃, 그러니까
아프면 아프다 말했어야지
누구나 상처 받는다는 석가 예수 농담 사이
오늘이 그 마지막이라고
묵언 중인 돌부처가 단호히 말했다
누추한 슬픔에도 무릎을 굽히지 않고
동백꽃 숲에서
피어서 여름, 땅에 떨어져 여름
울컥울컥 더운 피 동이로 게워낸 목울대로
열심熱心으로 피운 뜨거운 꽃
절망을 딛고 선 부활의 몸짓이란 듯
피 흘리는 투사의 구호를
눈으로 들어야 한다는 것이
아프다

회오라비 꽃

하찮은 풀 한 포기에도 아득한 시원이 있어
그대가 이처럼 쾌청한 천공을 향해
생각의 볏을 치세우고 꽃대를 밀어 올리고
첫 날개를 펼치는 순간,
무한 억겁의 바다에 천뢰가 울고
소리란 소리는 모두 안고 울먹거리는
하늘 끝 수평선을 흔들었다
천년 설산을 건너온 저 바위의 침묵에도
가슴에 품은 말들이 꽃으로 피어나
꽃이라 부르지 않아도 꽃인 것을 다만
저만 모른다는 것인데
눈물로 가득 찬 천공은 새들만이 누리는
은둔의 낙원이었으니
새들도 영혼과 만나고 싶었을까
몸은 가볍지만 주검은 무거워
땅에 내려놓은 그 주검에서 일어나
새의 혼신으로 핀 너를 꽃이라 불렀는데
끝내는 날아갈 아슬아슬한 난간에서

여린 꽃대로 웅비의 용력을 쓴
새하얀 새
조용히 냉정을 잃지 않고
바람을 잡고 흔들었다

눈이 내리네

통도사 무풍한송길, 솔 그늘 깔고 앉은 장좌와불
안중에도 없는 개안으로 어딘가에 이를 때까지
묵언바위는 눈물 없는 부처를 낳아 기르면서
백옥발우에 상단법문을 내리는데
끊임 없이 내리는데

첨부터 가져온 게 없어 더 버릴 것도 없는
첨添도 삭削도 없이
금강수지독송경, 반석 위로 흐르는 물
분골쇄신 온몸으로 갚아도 모자란 백골난망
예배하여 경배하였으나 그 오랜
서사는 기록되지 않았다

빙빙 공중을 선회하다 한 곳으로 내리꽂힌 새
천천히 이 가지에서 저 가지로
나무를 옮겨 심는 백학
천체 우주 한쪽이 깨지듯 산산조각이 난
지구를 버리고 천리 밖으로 달아나는 산꿩

우지끈 생작나무 설해목 날개를 꺾었다

한없이 고요하고 한없이 푸른 지구 한쪽을
춘향목 황장목 적송 백송이 걸어가는데
묵은 가지 쳐내야 새순 새 열매 맺는
청포도 넝쿨, 이 같은 사람의 마음에도
쌓이고 쌓인 고요가 무겁다
점 점 더

소에 대한 생각

 농사일엔 최고 협력자인 소, 바람 부는 들판에서 해동 갑하고 목돈이 필요할 땐 현금 통장이 되고 죽어서 생고기로는 육회 삶아서는 수육 내장 쇠머리 쇠꼬리 족 선지 뼛속 등골까지 고아 먹고 볶아 먹고 가죽 신발에다 대북악기에 이르도록
 멸사봉공이다

 식자재 서른 가지가 넘는 조리법 설명부터 현란한 어복쟁반은 소 혓바닥이 주재료, 설설은 끓는 물에 데쳐 낸 혓바닥 겉껍질과 속껍질을 벗겨 다시 삶고 찬물에 핏물을 뺀 양지머리 치맛살 토장물에 풀고 무 대파를 넣고 푹푹 삶아 낸 육수에 온갖 야채와 해물까지 곁들인 어복쟁반, 한 문장으로 설명하기도 벅차게 열거한
 익은 음식 눈요깃감인데,

 파란 잎사귀는 소 혓바닥을 닮고 줄기는 소 무릎을 닮은 우설초, 이슬 내린 아침 풀밭에서 더운 입김으로 평화롭게 풀을 뜯는 소 혓바닥이 복사꽃처럼 붉다

낙타야, 낙타야

백마는 울어도 울지 말거라 낙타야
그까짓 십이지에 끼지 못한 게
그까짓 쥐새끼에게 속았다는 게
분하고 억울하고 원통해 할 것인가

쥐의 귀, 소의 배, 범의 발바닥, 토끼의 코, 용의 몸, 뱀의 눈, 말의 갈기, 양의 털, 개의 다리, 잔나비 허리, 닭의 머리까지 저들이 가진 그 모든 걸 쌍봉낙타 한 몸에 담았으니, 황소 등을 탄 쥐보다야 아무려면

생이란 어차피 속고속아서 넘는 모래언덕
사막 모래바람 속을 물 한 모금 없이
쌍봉 태산을 짊어진 눈물자루
등짐에 싣고 걸어가는
저 푸른 창공이 너의 혼령이다

가덕도 동백숲

가덕도 텃새들은 끼-익 브레이크를 밟았다
외양포, 괭이갈매기 끼억 끼억 우는 건
슬픈 기억記憶을 울부짖는 것이다
둥지를 잃고 떠나는 것들이 새들뿐이겠는가
밤이면 상처 입은 짐승처럼
홀로 흐느끼는 섬, 이제 곧 공항 활주로가 열리고
원시림 원주민은 떠나야 한다는 것

응봉산 연대봉 진달래꽃 피는 봄 사월 사랑에 눈먼 숭어 떼가 물 위에 어린 꽃그늘로 모여들고 안귀잽이 밖귀잽이 그물을 놓고 바다를 읽던 육수잠망 숭어들이 어로장은 바다를 접고 어디로 갈 것인가 결기와 절의로 단아한 기백의 꽃 동백을 그저 꽃이라 할 것인가

더운 피 철철 흘리며 죽는 충장의 얼굴처럼, 떨어져 다시 피는 저 꽃을 필 때보다 질 때가 더 아름다운 꽃, 눈 뜬 장님을 위한 공양미 삼백석을 이 한 몸으로 대신하는 아프고도 쓰라린 저 꽃을 차마 꽃이라 할 것인가

>
자연이 거저라서 거저 누리지만 치를 수 없는
46억 년의 무게를 멧비둘기는 아침부터
도래하지 않은 미래를 어찌 할고
어찌 할고 근심걱정이 태산이다
풍진의 세상, 백척간두 벼랑 끝에 선 나무들,
오늘 나는 가지 끝에 앉은 새처럼
심란한 나무 한 그루 심어놓고 왔다

환시 幻視 1

 중세 성당 천정에 매달린 로만그라스, 알알이 주름을 펜 소리의 알맹이나 폐가 거미줄에 걸린 아침 이슬 알갱이소리와 빛을 대변한 유리체 후경화 신라 영지못 전경화로 비친들 이상할 것 없는 한낮의 정적
 저 많은 나뭇잎 소란은 누가 길렀지

 구름 한 점 없는 파란 하늘 아래 풀 비린내 물씬한 초원을 달려온 바람과 별이 촘촘한 태초 신비를 담은 시베리아의 푸른 눈, 바이칼호수를 저 하늘에 올려놓았는지 나는 그것을 생각하는 것이다

 오천만 화소 호수의 눈에 비친 하늘은 경배와 경의의 대상이라 섬기고 받들어 모신 낮고 고요한 물의 평화로 고인다는 건 받아들인다는 거, 견딘다는 거, 그럼에도 소유를 모른다는 거

 생각의 새가 한발 내딛는 순간, 사라진 것들은 아무리 짜 맞춘 콜라주기법으로도 연결이 되지 않고, 가상과

현실은 가상현실이 되고 손바닥 뒤집듯 뒤집어엎은 억조창생이 지워지고 파국은 원상 복구되지 않았다

　매미껍질 같은 몸을 빠져나온 나의 영체가 나를 건너보듯 아름다운 절경은 반대편에서 더 잘 보이는 법, 상감청자 운학문에 어리비친 비색의 달은 영원에 가 닿은 듯 두드리면 대장간 쇠 벼리는 소리가 날 판, 청동종이 소리로 풀려나오기까지 제 몸 어스러져라 들이받는 종매의 힘이 멀리멀리 달려간 소리의 길, 나는 귀가 아팠다

　차디찬 달의 이마에 이마를 대면 별빛도 달빛도 내 몸 같은 면경 앞에서 나는 달의 뒤통수가 궁금했다 돌아갈 수 없는 과거 속 앞과 뒤쪽이 멀기만 해
　내밀한 안쪽 거긴 어때?

환시幻視 2

안경을 벗고 렌즈를 닦았다 스캔으로 묻어난
파스텔 톤 물안개 지문을 닦았다

눈 깜짝할 새 날아간 새
풍덩, 발을 적시는 순간
표면장력 포맷이 깨졌다
포획물이 사라졌다
파국을 맞았다

양치기는 떼를 몰아 집으로 돌아갔다
열망처럼 타오르는 붉은 노을이
무쇠 솥에서 펄펄 끓는 시뻘건 선짓국이
렌지에 데워진 오색찬란한 피자 한 판이
지구 일곱 바퀴를 돌아온 빛의 광속으로

눈 깜짝할 새 날아갔다
새가 날아갔다

환시幻視 3

 못물은 뜬눈으로 꿈꾸는 어안魚眼, 천국이 저의 것이란 걸 눈으로 말하는 별 하나 하나에 아로새긴 망막에 그의 내력이 고스란히 담긴 채 누설되지 않았다

 첨성대가 보았던 천계는 햇살과 바람의 몸, 수없이 피고 지면서 뜬눈으로 꿈꾸는 꽃들의 수많은 이름까지 착착 접어 갠 물의 시간을 반닫이에 넣었다가 서랍째로 버렸다

 새하얀 별들의 노래가 있는 곳으로 발자국 없이 다녀가는 것들까지 태풍 한가운데 있다는 고요의 눈, 적막의 심안心眼으로 내면답사 중

 씨앗도 썩어야 눈芽 뜨거나 움트는 것, 비의 난타에도 뿌리는 보이지 않고 숲의 토착 원시언어를 유창하게 구사한 바람은 다국적 언어로 동시 번역되었다

 지류 지천의 물은 지형 지세를 따라 순조롭고 신전 천

막을 온몸으로 떠받치고 선 나무들이 목이 마르면 나도 목이 말랐다 액자 속 그림나무에 눈 그네를 달고 새벽마다 물을 주었다

환시幻視 4

출렁이다 가지런해진 일련의 씨줄과 날줄을 써
새들은 북 바디를 쳐 회색 필疋,
하늘을 짰다
별 볼일 없는 하늘엔 별이 뜨지 않았고
어린아이도 성자도 태어나지 않았다

밤을 거역한 이교도가 점령한 25시 편의점엔
외계인 알바 청년이 해독불가해한
우주 암호문 바코드를 전송하고
자유를 맛본 개들은 주인을 버렸다

더 이상 유기견이 아닌 황금 햇살과 노란
순은의 달빛 고명만 핥고 살아도 배고프지 않았다
창 밖에서는 아기들 대신 길고양이들이
응애응애 갓난애처럼 울었다

베란다에 식물도감을 펼치면 풀과 나무
생각의 열대우림, 이보다 더 다채로울 순 없어

이제 더 이상 꽃씨 따윈 심지 않아도 되었다

안위와 평화가 압류당한 식구들 입김으로
성에꽃을 피우고 햇살이 지워진
구획정리 방안에서 일렬횡대로 순장되고
부장품이 될 사물들은 아수라장이었다

제3부

레퀴엠 1
— 돌강

녹아내린 만년설이 한라산 아흔아홉 골짜기
검은 너덜겅 밑으로 복류하는 맑디맑은 단물이
우렁찬 물애기 첫울음소리로
솟구치는 용천 봉천수
땅 끝에 이르러서는 결의에 찬 목소리로
검푸른 대천 한바다가 되는 것
발끝에서 정수리 백회 숨골까지 들썩이는
물의 신전에서 대지를 주관하는 신에게
목숨을 빌고 수덕을 빌던 정화수
머체 위 행기물*이나
슬픔도 힘이 된다는 하나마나한 말로
부처도 말한 바 없다는 무설설법
연찬에 겨운 무언수행 만행이
여기 이 천변을 흘러갔다
할 말 다하고 살아도 억울한 세상,
산다는 건 울분을 참고 견디는 일
일찌감치 몸으로 터득한 눈물 참는 법으로
맑은 날보다 궂은날이 많았다

목마른 건천이 어느 때는 물굽이 길이
소용돌이쳤을 그러니까 손끝이 닳도록 긁었을
눈물의 염전바닥 천일염 밑간을 치며 살았을
오래전 상처의 흔적
허옇게 밑바닥이 드러났다
큰물이 지면 지느러미 흔들며 깨어나는
산이 되고 들이 된 풍찬노숙 사람들
가슴에 비새를 안고 살다 간 그 사람들
뒤돌아보지 않고 달리는 물길을 따라
아마도 대천에 가 닿았겠다
너무 큰 슬픔은 울어도 다 울지 못하고
물 없는 너덜겅 살아도 죽은 듯이
식음 전폐한 동면의 곰처럼 엎드렸다가
시르죽은 수초 같은 생生
입천장이 타도록 하늘만 보고 누웠다가
흙 붉은 화산송이 땅속을 흘러내리다
울부짖는 청정지하 암반수
앞발을 치켜든 말이 하늘을 긁어내리는

선드러진 투레질소리 이 천변에 내려놓고
생명은 스스로를 증명하는 것
박차를 지르며 달리는 소낙비
눈물로 꽃이 피고 새가 우는 연유를
청산유수, 비의 문장으로 설명하지 마라
요시찰 뜬눈의 별들이 연행되고
돌들에게도 말 못할 비밀이 있어
눈 푸른 새벽달 입술을 깨물었다

* 놋그릇에 담긴 물

레퀴엠 2
— 애기동백

볼모로 잡혀 어디에도 갈 수 없는 안개 치하
누구나 잘살 수 있다는 아름다운 나라는
어디에도 보이지 않았다
누구는 해안으로 내려가고 누구는 산으로 들어가
살아서 만나자 목숨 하나만 들고
산속 노루 고라니처럼 뛰었다
날아오르지도 못할 오름 말곤 갈 곳이 없어
굴왕신 같은 굴속에서 눈물의 벽화를 그리며
종달새 같이 지저귀는 아이들
늙고 병든 노인네와 아녀자 삼촌들
그해 동지섣달 한철을 났다
너나없이 쫓기는 몸이라 업은 아이는 피하는데
아방은 우는 물애기 입을 틀어막았다
봇도랑 물소리가 들리지 않을 때까지
연분홍 입술이 청도라지꽃이 될 때까지
울음을 틀어막았다 이런 미친 살육의 세상,
태어나지 말았어야 했다
가슴에 산을 묻고 비수로 내리꽂힌 폭포는

반 귀에 들리지도 않았고
아무리 야만의 시국시절 탓이라지만
의지가지없는 한뎃잠 잉걸불 고르던 삼춘들
산짐승 가죽을 벗기는 기원전 생애를 생각하며
한 사나흘이면 끝나줄 알았던 생난리 굿판에서
까마귀는 밤낮주야 목이 터져라 울어도
사람의 아이는 울리지 못했다
아파도 아프다 말하지 않는 초목들
푸새 우거진 숲속에서 불 밝히는 애기동백
하얀 눈 위에 제 모가지를 내려놓고
울컥울컥 피를 토하는 꽃을 꽃이라 못했다
산딸나무도 놀라 딸꾹질을 하고
청도라지 산수국 숨비기꽃 파랗게 질려
울지도 웃지도 못하는데
한생 반딧불이 귀뚜라미 풀벌레로 살아도
어느 땐 힘이 되는 고요한 열심熱心으로
뜨거운 꽃의 체온에 눈이 녹고
더운 숨 내려놓은 자리마다 선명한 애기동백꽃

두 손에 받쳐 들면 아직도 더운 선혈이
뚝뚝 손가락 사이로 흘러내리는
뜨거운 그 꽃

레퀴엠 3
― 붉은 흙

 바람 탄 들불 방화선이 무너지고 사그리 탄 들풀이 새 풀을 키웠다 생목숨이 꽃상여 수의 칠성판 관도 없이 붉은 만장 조사 선소리 한 소절 굴건제복 제관도 없이 풍장을 친 학살터에서 봉분 없는 주검들
 꽃을 피운다는 것은 눈물겹다

 이 땅의 흙이 되고 거름이 된 사람들 흙과 물과 햇살 바람에게서 빌린 몸 다시 되돌려준 꽃잎 같은 혼령들이 길러낸 땅심으로 검은 밭, 검은 여, 검은 돌 검붉은 흙속엔 그 사람들 숨결이 가시로 박혀 바람만 스쳐도 소스라치게 아픈 통풍을 앓는데
 이 땅, 함부로 걷지 말라고 말할 걸 그랬어

 민초의 힘으로 복원한 초록 숲에서 용솟음치는 대지의 숨결로 응원하는 더운 흙, 초록 지뢰를 밟는 발끝마다 발끈발끈 화花를 내는 봄날, 간질간질 참을 수 없는 재채기에 시달리다 연거푸 터뜨린
 진달래 참꽃을 씹으면 눈물이 났다

한날한시 바람을 베고 잠든 혼령들이 검붉은 흙속에서 무리지어 핀 꽃으로 일어나 아우성치는데, 생각이 싹트고 촉을 켜는 눈 덮인 겨울 산, 맨발로 서성인 눈사람들 봄이 와도 녹지 않는 한라산 상고대, 정령들도 숨어버린 산속 맵고 찬 산중 고요에
 눈과 귀를 다쳤다

 작물이 땅심으로 산다는 걸 눈구멍 새까맣게 박힌 씨눈이 증명하는 그렇게라도 이승 한철을 살다 가는 것인데 시퍼런 갯바람엔 총총 별자리도 흔들리는데, 죽지 않으면 태어날 수 없는 환생의 봄
 수선화는 언제나 피던 자리에서 다시 피었다

 메밀꽃이 소금처럼 하얘도 몸은 붉은 핏빛인 그 까닭은 제주 농경신 자청비의 뜻, 중참 새참 쉴 참 없이 흙에 엎드린 소금기 절군 낡은 등지기 맨주먹 불끈 쥔 씨감자가 피워 올리는 더운 열기
 모락모락 흰 김이 올랐다

레퀴엠 4
— 폭포

물명주 백 통 백 필을 벼랑 끝에 걸어두었다
하늘 끝닿은 단애, 구척장신 발아래 엎드린
흰 옷 입은 사람이 저 하나 살자 매달렸을까
천의 현을 울리는 변모일신 득음의 절창,
아름다운 것들의 뒷면엔 비통한 비애가 있었으니
운봉장사* 절망으로 바닥을 치고서야
일어서는 물

땅을 치며 사흘 밤낮을 울고 백년을 울어도
눈물로는 수위조절이 잘 되지 않았다
어차피 필생의 장시를 쓰다 죽을 것인즉
절벽 아래로 내리꽂혔다 솟구쳐 오른 매처럼
산정에서 달려와 수직하강 난장 태질을 치고서야
소리치는 물의 득음

백척간두에 서면 하늘과 바다는 이미 한 몸
무너질 줄 알면서 그 길밖에 없었으니
벼랑 끝에 선 그 사람들

양팔을 들어 올리면 새가 되었다
날개가 큰 흰 새가 되었다

드러낸 직설보다 에두른 화술로 차마 못했던 말
땅속을 스미어 흐르다 어쩔 수 없이 솟구친
용천수로 피 묻은 격문檄文을 씻고
천만 고苦를 풀 고수에 명창인 물의 서사는
아예 소리의 길로 나섰다

저의 실천 강령은 용서보다 넓은 바다가 되는 것
언제 어디서건 세상을 안고 울었을
애국 애족도 우향우 좌향좌도 아닌 중도
중심 추를 잡고 선
천 갈래 성현 말씀은 단 외마디로
내리그은 일 획, 비말 비백이 비친 얼음의 칼

정수리 내리꽂힌 장검의 폭포는
순간 멈춤의 정지화면,

방앗간 피댓줄보다 질긴 끈을 잡고
우리는 수없이 죽었고 우리는 태어났고
또 태어날 것이다

* 하룻밤에 금강산 일만 이천 봉을 만든 금강산 장사와 겨루기를 하
 다 참패한 운봉산 장사.

레퀴엠 5
— 터무니

 목초지 풀들이 천근의 어둠을 들고 일어섰다 달구질로 다져진 땅, 여긴 누구네 집터인가 뒤울안 장독대인가 우거진 시누대숲만 푸른데 나무에 목리문 아로새기듯 사람이 살아낸 흔적은 터에 무늬를 새기는 일,
 삼밭 구석 이름만 남겨놓은 터의 무늬들

 북망산천 어딘가를 헤매다 비를 밟고 오는 행불인 원혼들이 아랫녘 윗녘 경계 없이 만나던 안곤 밧곤 곤을동 천서 냇서왓 색달동 저 아름답고 정겨운 마을이름들 통시 벽체만 남은 마을 게시판도 할 말을 잃었다
 바람에 말꼬리 잘린 동글동글한 단어들이
 청귤처럼 굴러가는 올레길에 꽃잎처럼 흩날렸다

 꽁꽁 언 별들은 새벽 날 모두 연행되었다 맵고 찬 바람은 시퍼런 죽창을 깎아 들었고 돌담 밭담 연자 맷돌 한 줌 흙에도 피아간 혈전의 총소리
 피 묻은 붉은 땅에 귀 기울이면 풀과 나무와 바람과 산 울음이 뒤섞인 구음口音이 바람구멍 숭숭 뚫린 검은 돌

속에서 울부짖었다

 중이적삼 입은 옷에 끌려가 언제 어디서 어찌됐는지 몰라 생일이 기일이 된 사람들, 죄명 없는 처형장 천둥번개 억수소낙비 내리 퍼붓는데 바람을 밟고 선 나무의 균형추가 흔들렸다
 좌우지간 그랬다

 취조 추달 샛바람에 시달리는 즉결 처형장 동백꽃, 삼동눈밭 붉게 물들인 대지의 피울음소리로 떨어져 땅 위에서 다시 피어 저의 상처를 스스로를 돌보는데
 면벽수행 중인 담쟁이넝쿨도 다친 일손을 놓았다

레퀴엠 6
— 까마귀

산도 물가도 아닌 새중간에 끼어 숨죽이고
굴왕신 같은 굴속에서 다친 짐승처럼 앓다가
속절없이 스러져간 사람들
검붉은 연기 속에 산간마을이 내려앉고
최고령 연장자, 당산나무 뿌리까지 새까맣게 타고
흙이 탔다 불에 탄 원혼들 갈 곳을 잃고
생명들 중병을 앓았던 시국
하루방 눈 부엉이 눈 부릅뜨고 봐도
국가는 어디에도 보이지 않았던 그때
곱다시 죽은 줄 알았던 후박나무
밑동부터 숯이 된 그 몸에 무럭무럭 새순이 돋고
의붓아비 생명까지 껴안아 키우는
저 후박나무 내력을 읽다
칼바람 휘둘린 시누대숲이 사시사철 푸른 것도
한이 되는 솔숲에서 두런두런 귀엣말로
서벅서벅 서릿발 흰 눈 밟고 갔다
흰 고사목에 앉은 검은 까마귀
엄동설한 산속은 새들도 입이 얼어 울지 않고

샘물도 얼어붙은 갈수기
집도 절도 없이 비산비야 언 발로 떠돌다
북망산천 헤매다 추적추적 억수장마
부르튼 맨발로 아무 일도 없었던 듯이
그냥 왔다가는 봄 새싹 새순 같이 눈을 뜨고
새처럼 지저귀는 아이들처럼 기척하는
꿩 한 마리 산체를 흔들었다
오래 묵힌 고요를 까악까악
산산조각을 냈다

레퀴엠 7
— 신의 나라

천혜 자연이 신비로운 건 그들이 神이라 그렇다 손,
저들의 거처인 삼신산엔 죽어 죽지 않는
영생불사 불로장생 신비의 열매가 있다며
일만 팔천 신들이 말했다는데
아무래도 억울한 아흔아홉 굽잇길에서
기록되지 않는 말과 바람의 지문도 지워진
무풍지대 섬을 다 쓸어도 무방하다는 경천동지
산천이 놀라고 잠든 매도 솟구쳐 올랐을 때
神들은 어디에 있었나요

죽음을 피해 숨지만 죽을 수밖에 없는 산전에서
사람들 보이는 족족 잡아가고 휘둘러댄 개머리판
총부리가 무서워 고개를 들지 못해
삼태성 북두칠성을 못 보았으니
고도를 잡고 바람위에 잠든 독수리처럼 늘
언제 어디서나 옆에 있어 주마하던
끊어진 명命도 이어주고 없는 복도 안겨준다는
주과포 곤밥 궤깃국 산채나물로 빌어마지않았던

일만 팔천의 당신堂神들
죽은 신들의 이름만 하나씩 불러댔지요

산간 구릉지 피던 꽃도 시드는 삭풍 속
마을 줄초상엔 곡을 해도 눈물이 나지 않았고
산사람을 응원하고 죽은 이를 위로한다는
초혼제 본풀이사설에도 그 많은 구원의 神은
실종되고 끝내 오지 않았어요

사람이 사람 손에서 죽어나고
서로 간 죽음으로 갚는 참혹함으로 슬픔은
만수 위로 차올랐다
무자년은 한없이 무도하였고
기축년은 기가 막혔었어요

레퀴엠 8
― 찔레꽃

무리지어 피는 하얀 찔레꽃
한날한시 한곳에서 유혈낭자 피비린 육신들
서로를 부둥켜안고 하나가 된
천추의 젊은 원혼들 그 넋들이
무리지어 피는 꽃으로 돌아온다고 믿었다

칠월칠석 하루해는 단두대에 턱을 걸고
검붉은 낙인을 찍고 있을 때
262명이 나누어 탄 트럭은 오름으로 가고
몇날며칠 모슬포 창고에 갇혔다가
어디 가는지 모르고 끌려나온 예비검속인들
나 이 길로 가느니 흔적이나 알아보라
벗어던진 만뱅듸 검정고무신

그 섬에 태어난 죄로 굴형마다 까마귀밥이 된
이쪽도 저 쪽도 이승도 저승도 아닌
구천을 떠도는 혼령들의 백조일손지묘
여수 형제묘

눈밭에 무차별 학살된 거창 박산골 합동묘
단양 국계골 싹쓸이 작전 유골은
들개들이 물고 다녔다는데

이 땅 곳곳이 무연고 풍장터였으니
추적추적 비를 밟고 오는 북망산천 행불인들
산간을 울부짖는 바람소리에
육천 뼈마디가 저리는 뼈피리소리
피고 지는 바람꽃
아, 눈물꽃

레퀴엠 9
— 유월, 초록 함성으로

1.
그해 겨울, 나는 얼음장 밑으로 흐르는
뜨거운 물소리 들었다
고산준령 운해바다 흰 새벽구름 걷히면 거기
하늘 떠받친 초록 참나무
눈밭 위에 시퍼런 조선 소나무
일제히 실린 흰 눈을 털고 일어나
유월의 들판 무논 개구리까지 일어나

인간이 세워놓은 폭정의 장벽 앞에서
민중의 권리로 만인이 만인의 입으로
골목마다 거리마다 시대 앞길을 비추는
등불이던 사람들 한 마음 한뜻 한 목소리로
큰 물길은 맨손 맨발의 공동선 횃불이었으니
초록 항쟁이었으니

설설 끓어오른 나무의 뜨거운 숨결로
혈기 푸른 생나무 청년들이여

노여워서 울고 서러워서 울었던 이 땅의 넋이여
봄마다 피는 세상 꽃들은 상처에서 피어났으니
그 이름들 꽃이 아니고서야
그 이름들 새가 아니고서야

역사는 왜 핏물 적신 붓으로 써야 하는지
왜 피눈물로 읽어야 하는 것인지
피로 쓴 역사는 피눈물로 읽어야 하는지
그 모든 것들은 피와 살에 새기고
뼈에 새겨 잊지 말라는 것이니

2.
시대의 어둠을 밝히고
이 땅의 민주주의가 아름답기를
아침이면 해 뜨는 동해 푸른 물살이다가
해가 지면 서해 붉은 노을이다가
새도 입이 얼어 울지 못하던 겨울 새벽
외롭게 언강을 홀로 건너간 청년을

꽃의 이름으로 불러본다
종철아

오장육부 판구조가 뒤틀린 고통에도 굴하지 않고
저녁에 헤어진 친구가 아침이면 흔적도 없이
사라지고 잡혀가고 고문당하던 벌목장에서
초록 유혈이 흐르던 대로에서는
맑고 빛난 세상을 위하여
현과 현으로 이어진 솔바람소리로
새벽을 여는 청동의 종소리로

넘실넘실 출렁이다 온 세상 흘러넘쳤으니
죄를 모르는 꽃들은 무리지어 피었으니
정의로웠기에 아름다웠던 민주시민이여
햇살 아래 수목의 분노가
저리 찬란해도 되는 것이더냐

냇물이 모여 물의 신전인 바다를 꿈꾸듯

끊임없이 희망을 갱신하는 신생의 힘으로
초록 깃발 흔들며 달리는 나무들
더불어 푸르디푸른 숲을 이룬 저 나무들
그 유월의 함성으로 다시
그 거리에서서 푸른 하늘 보며 불러본다
종철아
한열아
그리고 이태춘 황보영국을

레퀴엠 10
— 1979년 10월의 바리케이드

1.
갑오 동학, 기미 3·1정신부터 4·19, 부마항쟁, 5·18
유월의 목소리로 푸른 강물이 되기까지
논밭을 가꾼 건 민초들이었으니
삽자루 조선 육철낫 죽창을 깎아들었으나
민중항쟁은 언제나 순결한 맨손 맨발로
촛불을 들었고 눈을 뜨고도 보이지 않는
어둠을 밝히는 등댓불처럼
꽃길을 밝혀들었다

민주란 民이 主인이 되는 나라
민중이 주인인 그 나라를 지켜내고자
화염 속에서 물고 곤장 난투 걸태질
쓰러지고 고문당하던 새벽선두리 선열들
조국을 하늘로 경배하여
시대의 앞길을 열고자 예를 다해 섬기던
고결한 그 사람들

2.
투쟁의 모진 세월에도
민주를 위해 맨몸으로 싸웠던 그날의 기억
노엽고 안타까워 소리치며 울었던 사람들
캄캄한 밤 등불이던 사람들이 쓴
눈물의 비망록을 펼쳐놓고
수천수만 한결같은 목소리로
나무와 풀과 초목의 이름으로
이 땅을 살아낸 민초의 목소리로
생살이 터질지언정 꺾이지 않는
조선의 혼을 소리 높여 읽어야 한다

3.
가렴주구 울분의 역사 부패한 권력이
썩은 칼자루 휘두를 때
부당한 통제와 억압을 대항하지 않는다면
캄캄한 터널을 벗어나지 못한다면
어찌 사람이 사는 세상이겠는가

민주주의는 끊임없이 닦고 닦아야 빛나는
청동거울이라서 선열의 영령들까지도
응원하고 격려하였다

실개천 피라미로 살아도 결연히 자유를 노래하고
장강대하 물결로 삼천리 초록의 물결로
끓어오른 결기와 정의로 백년을 하루 같이
그렇게 시대를 앞서간 무명의 민중들
사시사철 푸른 대숲이었고
조선 소나무였다

레퀴엠 11
— 다시는 돌아가지 않을 것이다

나무가 나무에게 팔을 뻗어 어깨를 겯고
사람이 사람으로 평등 평화 상식과 순리가
일상이 되는 아름답고 강건한 나라로
우리 함께 가자고
우리 모두 같이 푸른 초원으로 가자고
강물 같이 흘러간 그 사람들
아직도 거기 있을라나

부산에서 마산에서 중앙대로 가득 채운
경상도 사투리로 그날 뜨거웠던 푸른 함성이
저 초록 유혈이 물결치는 숲속에서
수목의 혈관을 울먹이며
아직도 타오르고 있을라나

질곡을 건너온 항거의 역사
민주를 찾아 몸으로 싸웠던 사람들
그날의 노엽고도 서러운 의분으로
피와 눈물의 함성인 울분의 힘으로

쓰러져도 쓰러지지 않았으니
돌아보면 걸어온 길도 눈물겨워라

세상의 아픈 자리마다 꽃이 피었어도
고난의 연대, 기억의 옹이는 풀리지 않았고
우리가 꿈꾸는 그날은 아직도 오지 않았다
전후좌우 꽉 막힌 그때 그 거리로
다시는 그 절망의 날로 돌아가지 않을 것이다
뒤돌아서지 않는 강물처럼
결코 다시는

레퀴엠 12
— 바람의 비문

2014년 4월 16일 오전 8시 50분
그날 하늘이 무너졌다 그리하여
우리는 벌떡이는 심장 맥박과 함께 침몰하였고
평생 짜디짠 눈물로 사는 심해 물고기처럼
우리는 삼백예순날 비 내리는 바다가 되었다
그렇게 산부처 생목숨을 수장하고
노을도 노여워서 붉게 타오르는
비통한 울음의 바다가 되었다
맹골수도 사나운 물살도 울분을 안고
제 눈물에 젖어 잠이 드는 밤
세상이 왜 이토록 잔인한 것이냐고
신神을 원망했을 때
왜 우리를 구하지 않고 가만 있으라고
가만 가만히 있으라 했던 것이냐고
밤 파도에 울부짖는 울음소리가 들렸다
눈보라 뼈를 깎는 고사목이 되어도
바다에서 돌아오지 않는 아이들
우리가 먼지가 되어 구름처럼 흩어져도

기다림의 끈을 놓지 못하는 건
꽃으로 오거나 새가 되어 지저귀다가
세상 어딘가에서 돌아올 것만 같아
어두운 길 길눈 밝혀 오라고
샛노란 달맞이꽃 꽃등을 내걸었다
살아서는 잊을 수 없고 지워도
지울 수 없는 그 바다에 새긴
숨골이 들썩이는 바람의 비문

레퀴엠 13
— 풍장風葬

 그때 제 나이 겨우 열일곱 살
 조선팔도 청년들 모두 누가 적이고 아군인지 공생 공멸의 죽기 살기로 총알이 깨 볶듯 볶아대는, 화살이 소나기로 쏟아지는 백마산 화살고지에서 죽는 줄 모르고 죽고 죄도 없이 죽었는데

 폿소리 탱크소리 군홧발소리가 천지를 진동하고 천둥번개 불의 칼 포화 속에서 내가 아니면 네가 쏜 총에 쓰러져 비목도 없이 그날부터 노천 한뎃잠 별꽃 지는 밤이슬에 눈과 귀를 적시고

 선득선득 날이 선 칼바람 속에서 비무장이 무장인 휴전선 풀잎이 흔들리는 소리에도 잠을 깨는 나는 풍찬노숙 눈비 맞으며 착하지도 슬프지도 사랑하지 않아도 불편할 것 없는 소년병, 피울음 우는 녹슨 철책 아래

 개똥벌레 반딧불이 귀뚜라미 풀벌레처럼 내 조국의 흙냄새 냇물소리 베고 잠이 들어요

레퀴엠 14
― 백비白碑를 읽다

함박눈 꽃잎조차 오히려 누累가 될까
공손히 비껴 길 아래로 내려서는데
백옥을 깎아 세운 여기 무슨 이름을 새길 것인가
청백리 신도비보다 더 순결한 백비
무호흡증에 숨이 막혔다

바람도 봉분에 쌓인 눈을 쓸며 우는 밤
눈 위에 발자국 없이 떠난 이들을 위하여
꺼내면 아플까봐 깊숙이 묻어둔 별들이
숨죽여 흐느끼는 흰 눈밭에서
오석의 검은 비석을 세우리라
흑과 백이 선명한 비문을 새기리라

사람이 사람을 못 믿는 엄혹한 야만의 시대
아직도 일으켜 세우지 못한 비석
아직도 새기지 못한 비문
어떤 필설로도 어떤 명필로도 기록할 수 없는
오히려 누累가 될까 붓을 놓고

사람들은 실어증失語症에 시달렸다

용마루 붉은 획을 긋고 일어선 용자의 햇살
차마 맞대하지 못해 손차양 짓고 보는데
마지막 잠들고 싶은 고요한 눈보라는
언제나 고향에서 왔고
적설량으로 한을 쌓는
순백의 청음은 소리가 나지 않았다

레퀴엠 15
— 첫눈

밥상머리 몇 술 뜨다만 수저를 내려놓고
들일하던 일손을 묶어가고
백주대로 길을 걷다 잡혀가고
제삿날 모인 일가친척 한 가대가 무너지고
영문 없이 불려나간 뒷모습은 끝끝내 돌아오지 않았다
행적이나 알아보라 입은 옷가지
신발 벗어던지며 맨발로 끌려갔다는 온갖
풍설이 산재한 그 마을에도 눈이 오려는지
백지 한 장으로 덮어 가리려는지
뽀드득, 어금니 깨물며 불구대천 원수를 찾아
이승을 떠도는 산자들이나 구천을 떠도는 혼령이나
누군가를 용서하는데 한 천년쯤 걸릴 줄 알았으나
하룻밤 내린 폭설로 세상은 백지 한 장
단순처리되었다
이승의 마지막 밤, 서천을 건너간 산사람들
저녁 산그늘 내리듯 이 산 아래 꽃그늘에 잠드시라
소쩍새가 파먹은 빈사의 새벽달은
하얗게 입술을 깨물었다

레퀴엠 16
― 진달래

아프고 불편한 진실은 말하지 않아도 좋다
잊지 않으면 견딜 수 없는 기억의 꽃
이산 저산 들불처럼 번지는 진달래 눈물꽃
아리고 슬픈 속울음은 얼마나 깊은
심연에서 올라오는 것이더냐
만인 머리 위로 공평하게 금침을 꽂는 햇살
등 뒤로 쬐면 든든한 뒷배가 되어주는
우리를 응원하는 영령들 목소리 데시벨이 높을수록
가는귀먹은 우리들 귀엔 들리지 않았다
1894년 동학년 그해부터
1919년 독립만세
1948년부터 1950년까지 제주4·3, 보도연맹 예비검속 학살, 거창 박석골, 마산 가포, 대구 가창골, 대전 골령골, 정부가 민간을 학살하고 고문하는 악재의 역사 속에 전 국토 방방곡곡 후미진 곳 암매장된 보도연맹 삼십 만
1960년 4·19 김주열
1970년 전태일

1979년 부마항쟁, YH 김경숙
1980년 광주학살
1987년 1월의 박종철, 6월의 이한열
2015년 백남기 농민
그리고 물물이 태풍해일처럼 일어난
2016년 촛불
2014년 4월 16일 별이 된 아이들
2022년 이태원역 1번 출구 159송이 꽃들

산과 바다에서 아침저녁으로 우는 새들과
산과 들에서 아무렇게나 피었다 지는 꽃
이 강산 선혈로 물들이는 진달래꽃
무더기로 핀 꽃은 철철 더운 피 흐르는
통곡, 대성통곡이었네

레퀴엠 17
— 낯선 저녁

산을 끌어안듯
두 무릎에 얼굴을 묻고 웅크려 앉은 고통과
빈 포대처럼 쭈그린 외로움과
널브러져 아직도 뜨거운 생죽음과
억압과 추달에 시달리다 목숨을 잃었거나
겨우 살아남은 사람과
이 뽑은 빈 구덩이 고인 핏물의 쓰라림과
저녁이 되어도 돌아오지 않는 빈 둥지
무거운 산그늘 지붕을 덮고
각각의 방으로 들어가 우두커니
누구도 불을 켜지 않는 검은 적막 속
정말 이 상황이 현실인가
선뜻 받아들이지 못한
어정쩡 낯선 외계의 저녁

제4부

백일홍 백서

한 번도 울어본 적 없는 사람도
밤이면 별보고 홀로 울었다
석 달여를 용맹정진 백일치성
만면한 홍안미소도
고단하였다면
달고 맛있는 진수성찬 향기로운 밥상도
지겹다고 웃고 있어도 웃지 않고
즐거움 속에서 즐겁지 않은 생生
한결같음이 지겨웠으니
누군들 짜고 매운 사연이 없겠느냐
누군들 재미지게 살아서 살겠느냐
죽는 날까지 사니까 살아지는
그런저런 한恨이 노래가 되고
우련 붉은 눈시울 슬픔도 눈물도
힘이 되는 그런 세상

돌 1

바람도 수잠을 잔 경주 남산 노천박물관
부처들이 눈코 뜰 새 없이
참 숨 가쁘게도 살았는지
눈 번히 뜨고 코 베이는 세상,
무거운 머리 단두대에 내려놓고
몸통만 남은 돌부처 흰 낮달을 이고 앉아
오래된 동의어 무한반복 만트라로
무정세월을 난다

몸 밖으로 나간 숨이 돌아오지 못하거나
들이쉰 숨이 나가지 못한 순간 돌이 됐을
돌 속에는 더 큰 돌이 들어있을 것인데
부처는 부처를 버리고
돌이 되려 한다

산허리 휘감은 산 메아리는 소리의 공양
산새소리만 들어도 눈물이 나는 산간오지 한낮,
밭갈이 쟁깃날에 발굴되는 부처의 유골들

돌에도 꽃이 피는 세월 동안
중생을 아름다이 여기심은 여전하여
뽀얀 화강암 부처 얼굴에
검은 기미가 꼈다

천둥 우렛소리 초목에 금수까지 놀라는데
눈도 깜짝하지 않는 돌, 그 속에
얼마나 많은 생각이 새끼를 치는지
잡다한 잔가지 간벌로 단 하나에 이르기까지
아흔아홉을 버린 빈손에
짱돌 하나 들었다

돌 2

삶은 콩 숟가락질 떠 넣으며 내린 콩물로
밤새 장작불에 끓여 두부모를 짓고
여름날 녹두를 간 청포묵 삼이웃에 나눴던
이젠 아무 짝에도 쓸모가 없어진
연자 맷돌 아래짝 위짝 구별도 없이
잔디가 깔린 마당에서 현관까지
총총히 박힌 동그란 맷돌을 밟고 나들었다
저것들 철천의 원수로 맞장을 뜨고 이를 갈았어도
돌과 돌이 암수로 단짝을 지어
둘러치나 메치나 그렇고 그런
한몸으로 살았다
근본이 다르고 성이 다른 생면부지에도
오랫동안 마주보면 연리지 일심동체
한몸이 된 내외지간처럼 순둥순둥
모가 닳아 순해진

돌 3

언 강물 위로 물수제비를 뜨고
냅다 팔매질 할 짱돌은 보이지 않았다
거리에서 맵고 짠 눈물과 뜨거운 울분으로
바위를 쪼거나 깨는 데 끌과 정 대신
맨주먹 두무질로 대북가슴을 툭툭 쳐대며
일생 바위 앞에서 날계란으로 살다
피 한 방울 흐르지 않는 바위에
맑고 순결한 생명의 피를 돌게 하려는
언 살 튼 틈새로 발깃발깃 핏물 번진 손
얼마나 추웠으면 두 손 호호 불며
두 발 동동거리며 진실을 외치는데
왜 반역인가
내장을 다 들어낸 동태의 육시에
상처가 썩지 않게 굵은 막소금 치듯이
별 한 움큼씩 움켜쥐고 밤하늘로 뿌리고
땀땀이 기억을 이어 붙여 만든 별자리들
등짝이 굽어 휜 뒷모습을 바라보는 건
참 쓸쓸한 일

꽁꽁 언 산판 통나무가 우지끈 쓰러졌다
나무뿌리가 대지를 움켜쥔 생명력으로
계란은커녕 돌 하나 들지 못한 골방에서
노엽고 분한 오장육부가
내장 뚝배기에서 펄펄 끓어올랐다

어처구니

 햇마늘 햇감자 캐고 매미 말문이 열린다는 하짓날, 냇가 방천 풀밭에 소 한 마리 풀어놓고 풀피리 꺾어 불던 심우도 동자는 소가 되었으나 소는 소를 잃고 아이가 되었다
 기마놀이 팽이치기 엽전재기차기 씨돌차기
 땅따먹기 하던 아이들도 아이를 잃고 놀이가 되었다

 심우도 본심이 어찌됐건 소는커녕 무럭무럭 더운 김 오르는 이승의 쇠똥 밭에서 분노한 물의 산맥이 일어나 울부짖다 쓰러져도 물물이 다시 일어선 파도처럼
 멸사봉공 열사 투사처럼 죽창 짚고 일어나
 불의에 항거하지 못했던 부끄러운 생,

 길 잘 든 일소를 몰아 논밭을 갈아엎던 농자農者는 보이지 않고 묵정밭 억새만 우거진 야생의 들판에서 길을 잃고 헤매는 송아지 내 안에는 나로 말미암은
 코뚜레 없이 엉덩이 뿔까지 난
 짐승을 어찌하나 연민하였다

>

  소발에 쥐잡기로 잡은 것 나는 알지만 남들이 모르는,
남들은 다 알지만 나만 모르는 건 나무와 뿌리의 깊고
높은 것의 수직상하 그 모든 비의는 저 흙속에 있음을
  알고도 몰랐던 것을 정리하면
  이렇다 할 것이 없다는 게 본질,

  다만 가망 없고 정처가 없는 어수룩한 목숨 하나 걸어
놓고 평화의 신, 가이아 대지의 어머니 지구에 무례하
였던 만용을 참회하면서
  지구가 놀라지 않게 살금살금

레드 풍 옻나무

붉은 옻나무 불온분자라고 시월 소개령이 내렸다
불꽃을 문 몽당 빗자루로 휘갈긴 언어도단
불립문자 주홍글씨로 빨갱이라 누명을 씌우고
붉은 인주로 낙관을 찍었다
사흘들이 내린 눈에 덮여 가리지도
여름장마 장대비에 씻지 못한
핏물 젖은 전단지
입은 옷가지 다 벗고 겨울을 난 옻나무
좀체 식지 않는 뜨거운 분골을 안고 옻을 타는지
움직이는 것들 모두 천렵하듯 몰아넣고
너울거리는 불꽃 속에서 날개를 편 불새가
우, 우, 우 날아올랐다
샛바람에 막힌 고래구멍 들인 불도 내뱉는 아궁이
동맥경화 막힌 혈관을 뚫듯 불 앞에 쭈그려 앉아
볼이 미어터지게 입 풀무질로
안압이 올랐고 눈에서는 모세혈관이 터졌는지
피눈물이 진달래꽃보다 붉었다
기름불 석쇠 위에 늦가을 산체를 올려놓고

생살이 탄 벌건 육즙이 까맣게 점멸할 때까지
나는 젓가락질을 못 했다
아픔이 더 이상 아프지 않을 때까지
서천에 걸린 초승달이 만월이 될 때까지
난장 물벼락을 쳐도 씻지 못한 죄 없는
죄는 신원되지 않았고 바람은
죽은 나무를 흔들지 않았다

백록

 별들의 눈물로 채운 백록담 은하 밤물소리 들리는 곳 물속 흰 수건 쓴 산머리 나는 새도 소리 없이 건너가고 귀신도 외로워 살지 않는다는 해발 육천 척 높이 깊이는 팔백, 십 여리 얼안의 청동 가마솥

 신선이 흰 사슴을 타고 온다는 백록담 한가운데가 이 섬의 중심축, 중심은 머리도 가슴도 아닌 가장 아픈 곳에서 눈을 떴다
 죽어서도 눕지 않고 눈비 견디다 흰 뼈만 남은 구상나무숲 백록을 찾아 눈 못 감고 죽은 혼령들 바람으로 우는 곳

 하늘이나 알까 숨어 살기 좋은 산간오지 산꽃만 보고 살아도 홀씨겹씨 씨앗은 남는 법, 천둥번개 소나기 내리는 엄혹한 시국이라 뒤돌아보지 않고 삼도천 건너간 새는 끝내 돌아오지 않았고 큰사슴이 오름 억새꽃 윤슬이 역광에 물들었다

하늘에서 천금 재화 무상 방출 눈은 내리고 순결한 무균의 함박눈 무진 무진장 내리고 백골 없는 사람들 죽음이 눈사람처럼 왔다가 눈사람처럼 사라진 고혼의 발자국은 눈바람에 지워졌다

 상류에서 하류까지 너덜겅 땅속을 숨어 흐르다 용천수로 솟구친 찬물 같은 사람들 무저항 살상의 흔적은 어디에도 없고 얼어붙은 상고대 흰 숲의 정령들도 숨어버린 산속,

 풍장을 친 후미진 곳 목숨을 풀무질하는 곳자왈 낮달도 가지에 걸려 잘 넘어가지 않는 돌밭에 앉아 잉걸불 고르는 한뎃잠자리 견딜 수 없는 걸 견디다 실족한 산사람들 높이 오른 새가 화살을 피한다는 산정 높이
 흰 사슴을 찾아간 사람들은 산이 되고 바람이 되었다

텃밭을 끓이다

 어둠보다 안개가 더 캄캄할 때가 있다 전화는 안개를 뚫고 음모 수작처럼 걸려왔고 개수대로 콸콸 쏟아지는 벨소리는 채전에서 막 뽑은 무처럼 흰 맨발로 걸어오다 뚝, 멈췄다

 뚝, 끊어진 전화기에서 정신줄을 이어붙이고 붉은 녹물이 나도록 밤새 울어댄 냉동고에서 오래된 죽음을 꺼내 눈 새파란 동해바다 명태 은빛 찬란한 비늘을 치고 싱싱한 무 숭덩숭덩 썰어 솥바닥에 깔고 미나리 파 버섯 쑥갓 마늘 고춧가루 어류와 푸성귀가 냄비에서 생태계를 이룬 생태탕

 각자도생의 것들이 야합을 거쳐 다른 무엇이 될 동안 설설 끓어오르다 게워낸 부유물 북두칠성 국자로 휘휘 저어 걷어냈다 쩝쩝 간을 보고 뚜껑을 덮었다 그냥 두면 자작자작 졸아들다 까맣게 탈 자재들

 세상의 소리가 들리지 않는 기억의 골방에서 분하고

노여운 것들이 정의로운 세상을 위해 오장육부보다 더 아픈 날계란을 펄펄 끓는 내장 뚝배기 속으로 넣고 입맛에 맞추건 찌개에 맞추건 양단간에 맞출 내 생각은 이미 주제와 소재를 벗어났다

 맨손으로 먹어야 제 맛이라며 간장계장 엄지 검지 번갈아 쪽쪽 빨며 무슨 맛으로 사느냐는 질문은 파래처럼 팔팔하게 살아났고 죽을 맛과 살맛을 한꺼번에 본 나와 맛의 견해차는 맵고 뜨거운 냄비 안에서 한 소리로
 탕

불새

 사모가 깊어 병이 된 남자가 꼭 한번 알현키를 소원하니 모월 모일 짐이 절집에 갈 것인즉 일주문 밖에서 기다리라 했거늘 달콤한 봄볕 아래서 꽃향기 취해 그 새를 못 참고 그만 잠이 들었다
 여왕은 이 가련한 남자의 가슴에 팔찌를 놓아주고 떠났다 뒤늦게 이를 알아챈 남자의 심장에서 발화한 불길에 절집이 타고 황룡사 9층 목탑이 무너졌다는데
 풀벌레도 사랑할 땐 운다는 걸 여자는 몰랐나보다 물없는 소금사막 한오백년 살다 스스로 몸을 사르고 죽었으나 죽지 않고 잿더미에서 깃을 치며 일어난 불새가 울부짖는 화창한 봄날
 만화방창 꽃들의 수다로 눈앞이 아득한 화염 아지랑이 속, 꽃을 든 남자가 아닌 제 안의 방화放火로 불귀신이 된 지귀*가 까맣게 타 죽었다는 수천 년 전 그 별 하나가 아직도 타고 있다

---

* 선덕여왕을 사모한 남자, 지귀(志鬼) 설화.

눈眼 1

 눈썰미 좋은 모기가 어둠 속에서도 용케 나를 알아보고 알은 척, 간질간질 수작질
 눈과 귀 가진 모든 것들을 위해 꽃 피고 새가 울고 바람 불고 눈비 내리는 들판, 눈에 보이는 것 모두 붓다, 귀에 들리는 건 모두 경전의 말씀이시다

 내 자식 입에 밥 들어가거나 마른논 물 대는 건 좋은 눈요기 식사로 오감이 기뻐하는 이 거룩한 만찬을 위해 해와 달, 별 지구는 차별 없이 대등하시어 숨 쉬는 그 모든 것들을 먹여 살리시랴 참 열심이시다
 정신보다 몸이 먼저 죽거나
 모기보다 내가 먼저 죽으면 어쩌지

 너무 멀리 가지 말라고 눈에 안 보이면 잊어버리기 쉽다고 머리에서 가슴까지 칠십 평생을 달려도 닿지 못한 가슴이 눈을 잃어버리면 어쩌지

 그러니까 불안불시, 부처 눈과 돼지 눈은 저가 저를

본다 그 말씀이지 사람이나 날짐승 기는 짐승, 갸륵하게도 꽃의 눈으로 보면 꽃이 될 걸
 공연히 그랬나

눈眼 2

어두침침한 눈에도 무서운 건 직시하라기에
두 손을 가리고도 나는 손가락 사이로 보았다
하루살이는 하루가 무서웠고
누구나 죽으면 귀하신 신이 된다는데
귀신이 무서우면 죽어도 죽지 말 것이며
귀신 납량물 비현실에 겁 많고 어리석은
중세미신을 신앙하였다

낮엔 흰 구름양치기로 밤엔 별점을 치는
맹신의 주술 심령술사로 반딧불이 사육사로
나뭇가지 걸린 북두칠성 삼태성 별지기로
극빈의 무산자로 그러나 생의 육체는
무겁고 고단했으니

세상에서 가장 귀한 것은 나 자신의 목숨
모든 사람들이 그것을 소중히 여겨
상찬해마지 않는 헛꿈도 예우하여 섬기는데
지극히 개인적인 경물중생, 나의 애인들은

밤하늘에 구멍 하나씩 내어놓았고
산역이 끝난 뒤 아무도 저를 따르지 말라는데
천년을 걸어가야 닿는 포구가 있다는
서천 조각배 하현달 근처 뜬 별 하나

유난히 빛나는데 저승사자도 피해 간다는
탱자가시보다 푸른 저 별빛에
눈을 찔려 눈멀고 귀먹어 죽을지라도
슬픔과 분노를 버리고 기쁨 쪽으로
뱃머리 돌려 노 저어 가리니

눈眼 3

모자 아래 목이 긴 여자는 눈동자가 없다
우아한 우수와 애잔한 애수 사이로
모딜리아니 연인 잔의 머리는
우수 쪽으로 기울었다
바람을 타지 않고도 한쪽으로 쏠린
무게중심에 무엇이 있는지
여자는 사랑에 눈멀어 눈이 멀어
눈에 보이는 게 없었는데,
여자의 영혼이 보일 때 눈동자를 그려
점안할 거라 했다는 그 남자
여자의 눈에서 눈의 말은
끝끝내 듣지 못했구나

눈眼 4

1990년 2월 14일, 61억km 밖 우주공간에서
다시는 오지 않을 슬픈 등을 가진 사람이
슬쩍 한 번 뒤돌아보듯 본 보이저 눈에 비친
눈물겹게 아름다운 청보석 초록별 하나가
수십억 년 전 티끌로 응축된 유기물인
녹두알만 한 그것이 지구였다

우리 영혼이 기거한 육신을 빈 가옥처럼 두고
천국으로 가는 사람이 이승을 돌아보듯
지극한 거리에서 어느 한 경계를 건너가는
그의 눈에는 가슴 시리게도
참 애잔했겠다

끝이 없는 어둠으로 채워진
이 무한 연령의 광대무변한 우주공간에서
홀로 떠도는 별들도 외로워 집단을 이루는
그런 은하가 대략 천억 개나 있고
노염에 불타는 용광로를 가진 태양계

>
푸른 바다 푸른 하늘 흰 구름 양떼를 몬
생명 가득한 지구별에 살면서
특별히 우리만 존재의 행운을 누린다면
이 얼마나 염치없는 일인가

그럼에도 은밀하게 지구 동식물이
선악이 없는 화려하고 장엄한 자연계가
나의 이익과 나의 즐거움에 예외적 멸사봉공
헌신하기를 강요하는 지상낙원 지구에서
설계도면 없는 천국 건설 현장은
이판사판 공사판

눈眼 5

꽃의 침묵은 거룩한 수태의 시간
아무것도 보이지 않는 봄 안개 속에서
효녀심청이 만난 심봉사 어디보자
내 딸아 어디보자 눈을 떴다
하나가 눈을 뜨니 옆에서 또 그 옆에서
여기저기서 어디보자 어디보자구나
뜷고 시린 눈 비벼대며 눈을 떴다
대명천지 눈 밝은 세상, 너도나도 손잡고
어화 절씨구 즐거운 날
소리 없는 무음의 자막이 흘렀다

꽃을 들여다보는 건 집중이 아닌 관심
저를 꺾으려는 손을 잡고 어루만지는
웃음이 아닌 눈물이라
차마 나는 눈을 뜨지 못하였다
내 눈은 나를 보지 못하고
눈이 하는 말을 가슴이 듣지 못하는
물속에 네가 나였으니 내 안에 너를 심어

경작하는 뿌리에서 길어 올린 눈물을
내보이거나 흘리지 않았다

나뭇잎은 나무의 눈
실핏줄 속을 울먹울먹 흐느끼는 안압의 뜨거움으로
충혈이 된 눈 지그시 눌러 감고 잊기로 했다
하늬바람에 꽃잎처럼 날리는 건
아무리 떠돌아도 눈 밖을 나지 못했다
모든 것들이 대지 소유권에 속했으므로

눈眼 6

세상을 어루만지듯 관심 많은 천수천안
관세음보살의 눈이거나 산정 높이에서
물밑 바늘을 채가는 검독수리거나
극빈의 허기로 깊고도 푸른 하늘의 눈빛과
따사로운 대지의 언어로 흙을 빚어 구운
흰 듯 푸른 청화백자 달항아리 머리에 이고
구만삼천리 서천을 건너가는
맨발들 이미 장님이거나
장님이 되어가는 이승의 무등 빈자나
영혼 없는 안락사로 삼천대천 달리는 물
가난하게 태어난 청빈의 몸은 가벼웠다
실핏줄 선명한 내부의 산맥을 오르는 평화는
낮고 고요한 강변에 서식하는 식물
그림에 떡이나 거울 속 꽃 모두가
경화수월鏡花水月보살 마하살
별이 빛나는 건 눈물때문이라고
생은 쎄告빠지게 맵고 뜨거워도
밤이면 아름답고 슬픈 달의 혼령으로

명징한 외눈박이 달의 눈으로 오래도록 바라본
너를 잊기로 한 작심삼일에도
빗금을 치는 별 한 평 쯤 세어보다
잠이 들곤 하는 것이다

눈眼 7

천년의 눈 영지 못 한가운데 위리안치
머리만 쏙 내놓은 섬, 촉의 찌가 흔들렸다
고요한 가을 햇살에서 맑고 투명한
만어산 너덜겅 경석 소리가 났다
선 채로 무너진 물구나무 거꾸로 자라거나
담아두고도 소유를 모른다는 거
수직하강에도 민망하게 수직상승을 꿈꾸며
안드로메다와 천의무봉 날개옷을 생각하고
산간오지 저녁 아궁이를 생각하고
그 쪽으로 달려가는 나
영원에 가닿은 하늘을 섬기고 받들자면
눈에 담았으면 가슴에도 고이는 법
무게를 가진 것들은 가라앉고
경주 남산이 돌부처를 안고 뛰어들어도
넘치지 않는 바닥은 보이지 않고
한눈팔고 사는 줄 알았는데 실은
두 눈 다 팔고 살아온 줄은 까맣게 몰랐다
언제 어디에서 한눈을 팔았는지

무엇에다 두 눈 다 팔아먹었는지
내 눈은 끝내 보이지 않았다
희미한 낮달처럼 누구나 가슴에 뻥 뚫린
그런 구멍 하나씩은 있을 법,
상처의 뒷면보다 앞면만 보고 살았던
달을 하구언 물가에 내려놓고 왔다

숨, 지다

 꽃이 졌다 밤의 한가운데 떠받친 들보가 무너졌다 할 만큼 했다 손 털고 일어나듯 촛불 아래로 툭, 떨어진 굳은살 배인 손
 열손 재고 생을 다한 북두갈고리 손바닥에서 아사달 이전 선사 돌도끼자국이 선명했다

 숫돌에 간 시퍼런 낫날 같은 생의 밀서를 쥐고 릴레이 바톤터치하던 명장의 손,

 산 아래 논밭 엎드리거나 첫새벽 머리감아 빗고 상투 틀어 치포건 갓 올리고 평생 붓대를 잡고 단지 혈서를 썼건, 서책을 파먹건 흙을 파먹건, 낚싯대로 시절이나 낚아채거나 호미자루 삽자루 망치 연장을 들고 어디거나 엎드려 읍하면 먹고 살 수 있는 목숨을 들고

 누에고치에서 명주실을 내고 피멍이 지도록 물레를 자았던 손

요령을 뺀 나머지 토씨 하나 퇴고 없는 순수 자연서정시만 쓰던 먼 산 부엉이 멧비둘기 삼사조 율조에는 고향이 있어 눈 내리는 밤, 무 구덩이에서 꺼낸 달고 시원한 겨울 무, 누렇게 익은 김칫독 살얼음 잡힌 동치미 삶은 고구마 저녁 먹은 강아지 주둥이도 안 말랐는데 무슨 군것질이냐며
 슬며시 일어나 거들었던 그 손,

 손자손녀 업고 둥개둥개 단둥치기 어르다 오줌똥 받아낸 그 손으로 곤지곤지 잼, 잼, 장독대 정화수에 달을 떠 올리고 빌고 빌던 두손 두발로 무겁도록 이고지고 들고 다닌 것들 이제는 다 내려놓았다 그렇게 말하는 손

 지지대를 타고 최선을 다한 호박넝쿨이 풀어지고 국화는 결국, 그해 가을을 넘기지 못했다

난청

 산체가 쩌렁쩌렁 금이 가도록 외장을 쳐댄 산핑 소리 눈도 깜짝하지 않는 차고도 맑은 겨울 저수지

 달고 맛있는 새벽잠에 빠진 숲속 잡풀더미에 귀 기울이면 우우 우는 땅의 구음口音, 장엄한 지구 생명들 심장소리가
 인조견 차렵홑이불 덮고 잔 안개가 자리를 털고 일어나 기지개를 켜고 새하얗게 하품하는 소리 젖비린내 물 씬거리는 물애기 울음소리

 냇가 빨래방망이 겨울 다듬이질 새벽 닭소리 동네 개 짖는 소리 술도가 정미소 디딜방아 모퉁이 돌아 꽹과리 징 장구 상쇠소리 잡귀 잡신은 물알로 가고 만복이 도래한 흰 연기 솔솔 오르는 그 마실 골목골목 아이들 소리

 열두 상두꾼이 메고 가는 꽃상여 줄줄이 선 백관들 만장행렬 선소리 요령소리 온갖 농기구들 볼 수도 들을 수도 없는 그런 것들이 흙이라는 책속에서 숨 쉰다는

그 오래된 책갈피를 넘기면 거기

 흙의 숨결로 고스란히 들리고 보인다는 거
 그거 아세요?

작설차 雀舌茶

달빛 우린 작설차, 서안 차 한 잔이면
오장육부 두개골이 다 연두로 환해지는
차반에 물꽃 고요한 희열로
하늘도 못 울린다는 만학천봉 저 지리산
천 개 봉우리 만 개의 골짜기
굽잇길 돌아 나온 차고도 단단한
새벽 범종 초록 파장이나 꽃바람 잔손질이나
저 푸른 잎새 하나하나가 지닌 것들까지
제 뿌리로 돌아가고 참새는 그렇게
아홉 번 죽고 아홉 번 깨어났다

눈물 글썽 맴도는 구증구포를 거치고서야
비로소 선정에 든 작설
대숲에서 조잘조잘 초록 부리 반짝이는
참새가 수다를 떨었다

재잘거리는 시정 잡담을 쓸어안은 적요의 한가운데
직사와 반사 혹은 대칭과 비대칭

모든 표정을 지우고 깊고도 높은 익사체
반달은 물살 없이 건너가고
새벽별이 눈을 감았다

석간수 내면의 서사를 고요의 빛깔로 아로새겼다가
낙숫물소리 찻물 따르는 소리 귀뚜라미 풀벌레소리
색색가지 오만가지 옥은 매듭을 풀어
찻잔에 우려 놓고 풀과 숲 사이로 번진 차향
노래 대신 향기로 들려주는 아침 햇살
마디마디를 잘라 땅에 묻었다

뿌리내린 소리의 마디가 참이란 유가 경전
성현의 말씀보다 대숲에 깃든 참새들
재잘재잘 새근새근 찬란한 말잔치가
참스럽다

물꽃

내던진 돌 하나가 동심원을 그리며
저수지 한가득 만면한
물꽃을 피웠다

고요가 아우성치고 일어나, 투석 수혈 끝낸 수생 물풀들이 소곤소곤 도리 틀고 일어나 물고기 검은 화석이 지느러미 은비늘 번쩍이는 일명—命의 행로는 오직 낮은 데로 나 있고 사철 피어난 산후 밑자리 비린 빨래는 꽃물이 졌다

연옥을 무릅쓴 백의의 여인 버선발이 바닥에 닿을 때 두 활개를 펼치면 흰 새가 될 찰나, 오체투지로 최상의 고지를 향해 무릎에 피가 맺히게 엎드린 연찬의 수행 끝에서 우러러 볼 그런 높이에서 일직낙하, 지사열사도 우향우 좌향좌도 아닌 중도 중심을 잡고 내리긋는 직필로는 시를 쓰고 몸으론 산을 거슬러 오르는 폭포, 훈시를 내리는 구절산 구절폭포는 구구절절 옳은 말씀이라 명예보다 제 몸 닦기 청옥 같이 한 성현 말씀이라 한 마

디 한 마디에 심장을 찔리는

 꽃과 가시밭길이 공존하는 그 길엔 슬픔도 기쁨도 강물처럼 흘러가는데 화살처럼 **빠른** 시천矢川, 성난 말처럼 달린다는 마천馬川, 쉬엄쉬엄 흐르는 휴천休川, 화회리 물도리동, 펄펄 눈 내리는 밤, 세상을 안고 울었던 고혼들 눈물이 만수 위로 차오른 그 모습 그대로 호명되고 그릇에 따라 모습을 달리하는 물의 언행

 산산조각이 난 고드름 칼날 저 찬란한
 순은純銀의 물꽃

1판 1쇄 펴낸날 2024년 11월 30일

지은이 박정애
펴낸이 서정원
펴낸곳 도서출판 전망
주소 48931 부산광역시 중구 해관로 55(201호)
전화 051) 466-2006
팩스 051) 441-4445
이메일 w441@chol.com
출판등록 제1992-000005호
ⓒ박정애 KOREA

ISBN 978-89-7973-640-3
값 12,000원

* 저자와의 협의에 의해 인지를 생략합니다.
* 이 책 내용의 전부 또는 일부를 재사용하시려면 저작권자와 도서출판 전망 양측의 동의를 받아야 합니다.

이 시집은 2024년 부산광역시, 부산문화재단
<부산문화예술지원사업>으로 지원을 받았습니다.